新NISAでつみたては会社員の最強アイテム

勝盛政治

高橋書店

これが20年後には996万円となり、さらに**35年後には2242万円にまで増えます**。35年後の**運用収益は982万円**と元本1260万円に対して**約8割**（982÷1260≒0・78）にも達します。

	868	1,063	1,277	1,510	1,764	2,242
	220	307	413	538	684	982
	648	756	864	972	1080	1260

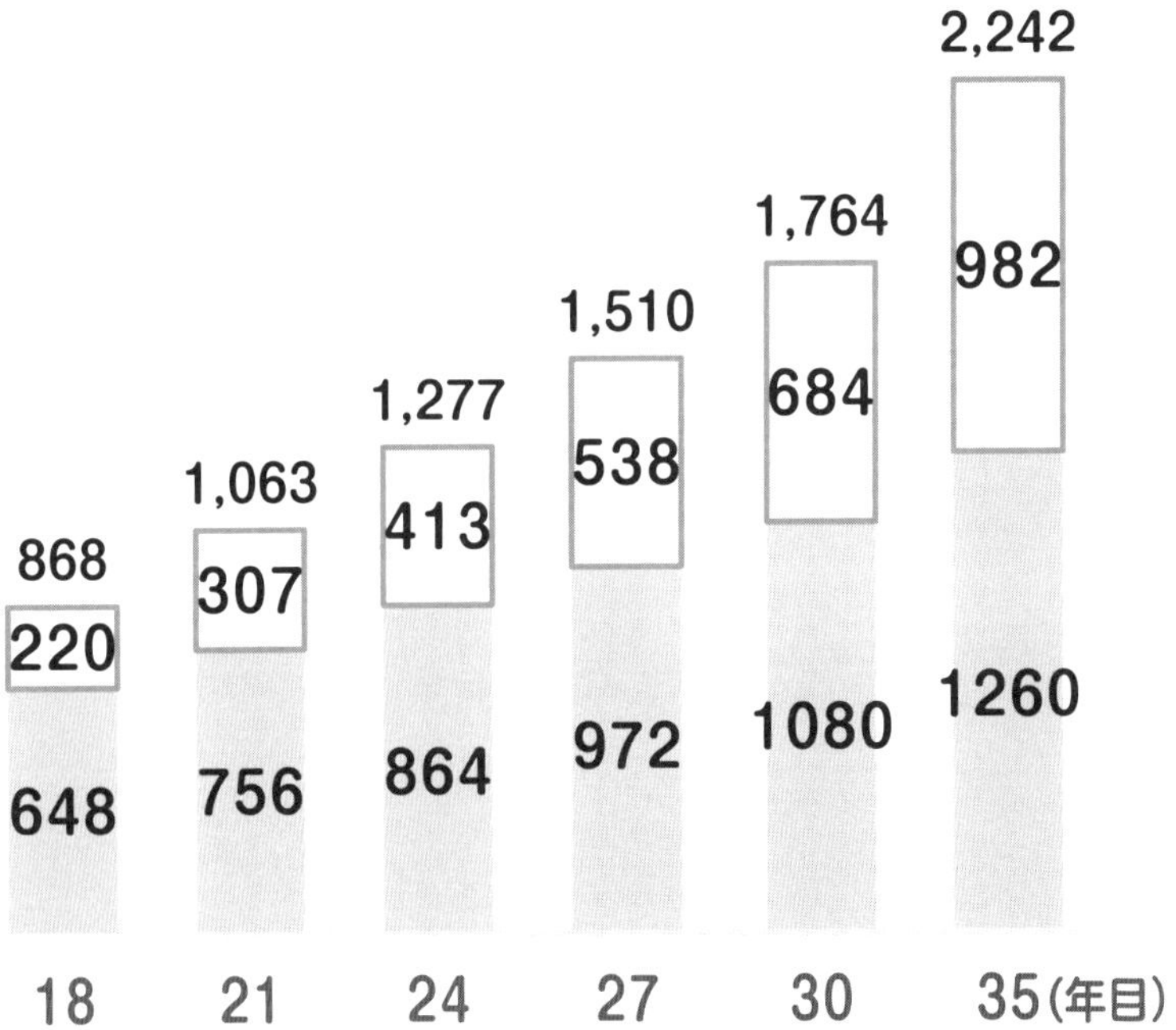

最初に、お金を運用する効果がいかに大きいのかを見ておきましょう。具体的な数字を見ると、その効果を実感していただけるはずです。

たとえば月々3万円、年率3%の運用で35年間の積立を行った場合、15年後には690万円になります。その内訳は、積み立てた元本540万円、それに対して運用収益150万円です。元本に対して収益は約3割（150÷540≒0・28）も積み上がります。

●年率3%，月3万円で運用した場合

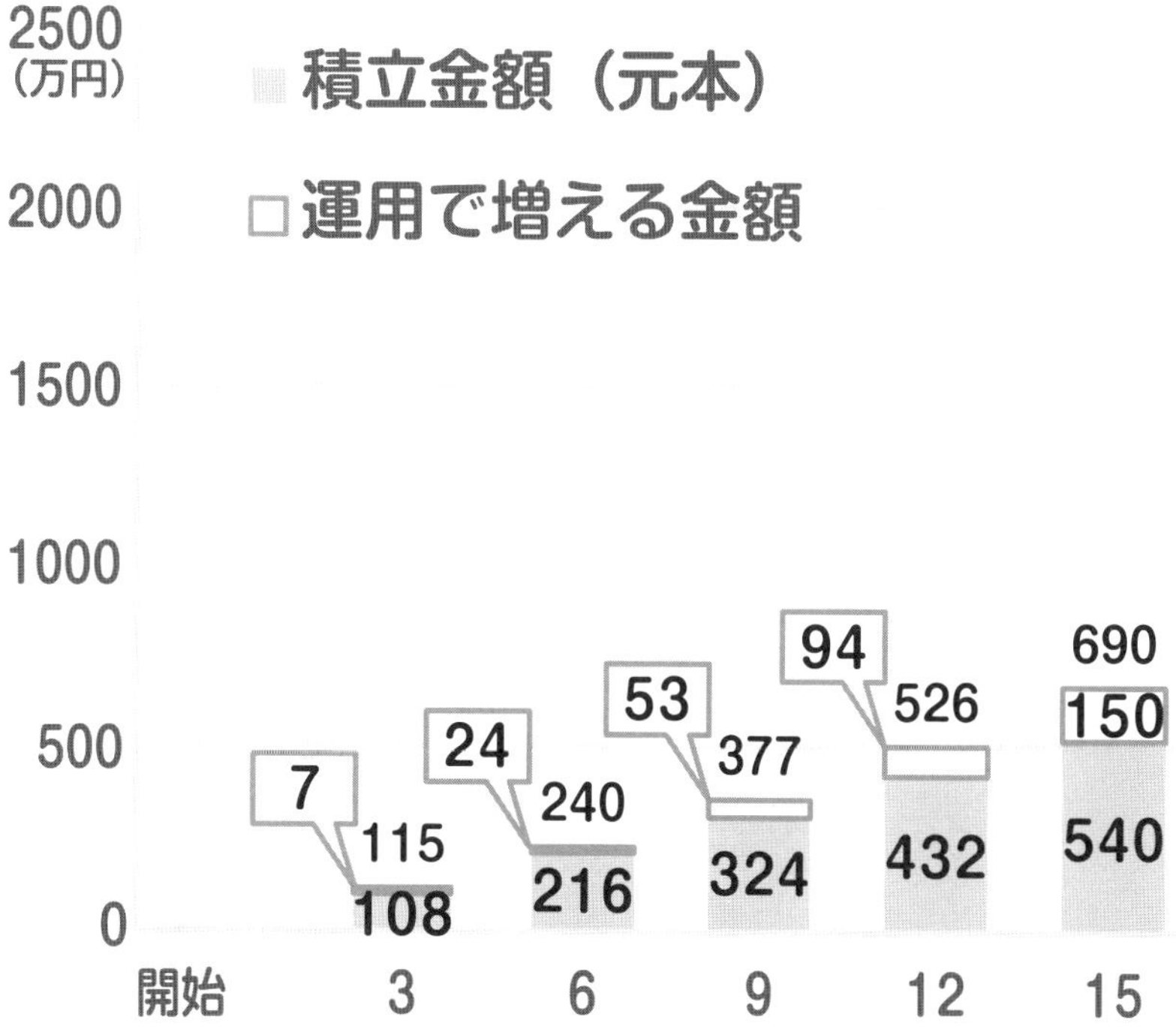

このように、お金は長期間で運用するにしたがって運用収益が積み上がり、複利効果は高まります。資産形成の秘訣は、うまく立ち回ることよりも時間を味方につけることなのです

	18	21	24	27	30	35 (年目)
合計	1,063	1,350	1,682	2,066	2,511	3,414
運用収益	415	594	818	1,094	1,431	2,154

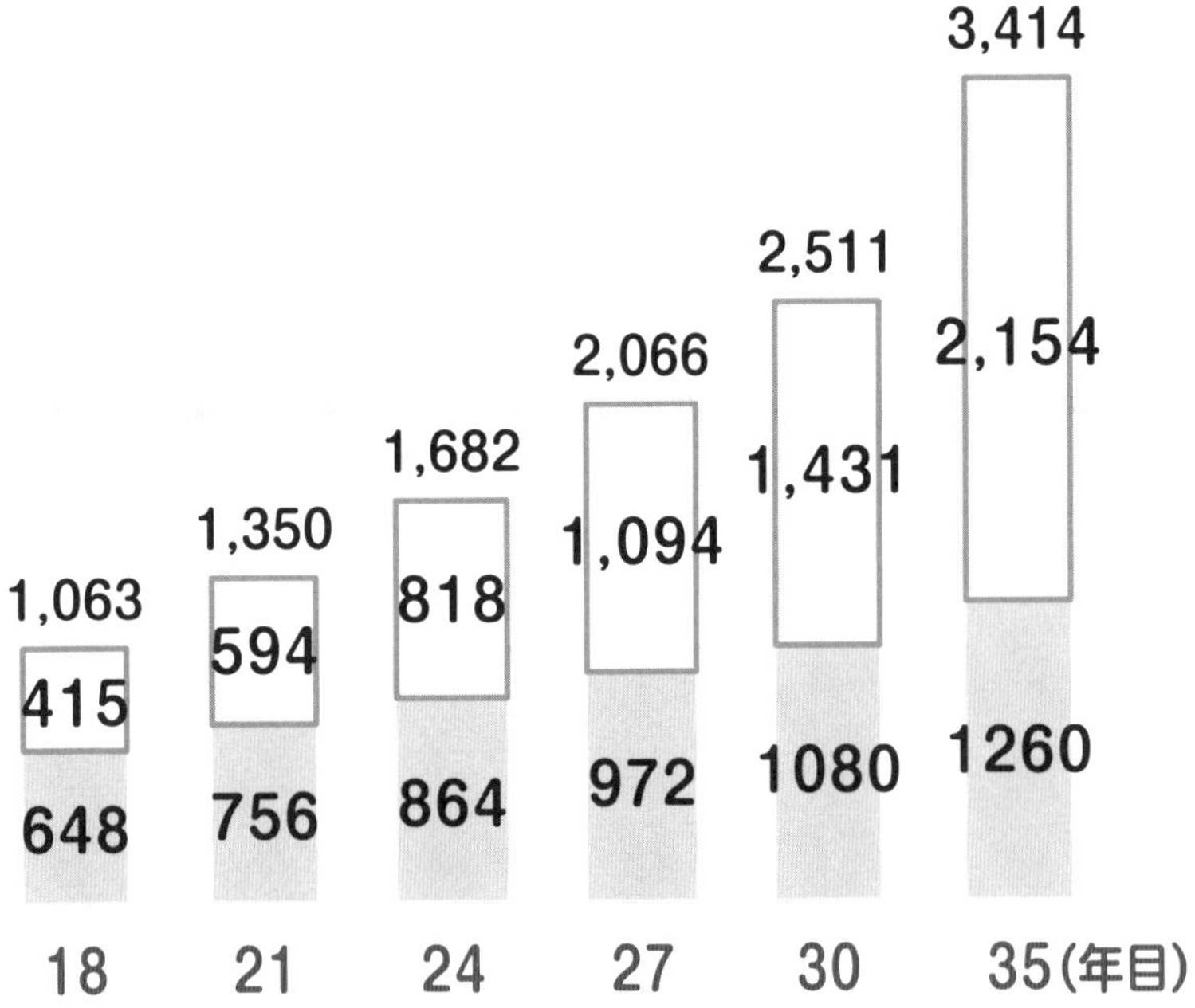

年率5%で運用するとその効果はさらに際立ちます。15年後には816万円、**35年後には3414万円**と大きく増え、その内訳をみると**運用収益2154万円が元本1260万円を大きく上回ります。**

●年率5%, 月3万円で運用した場合

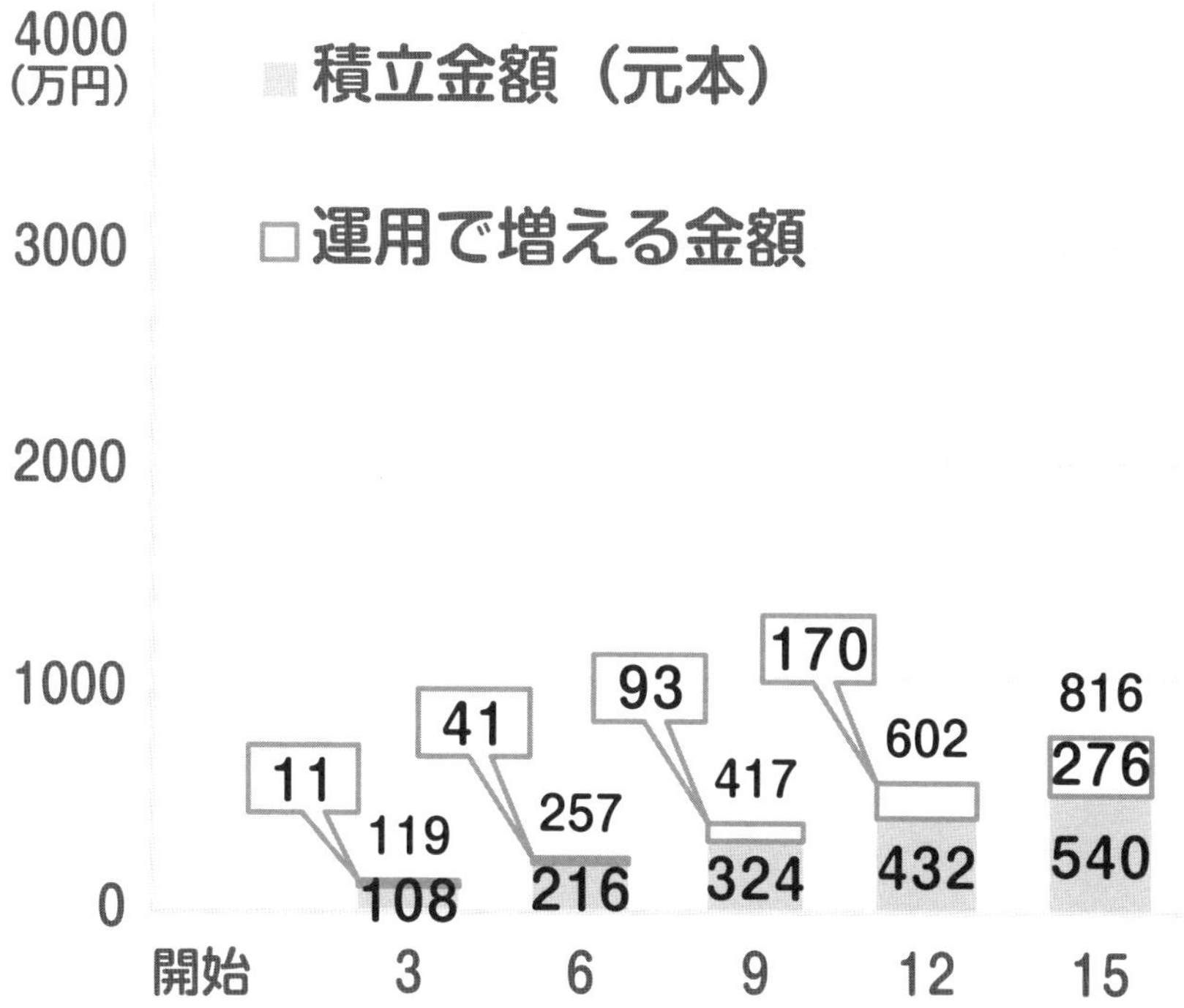

プロローグ

つみたてＮＩＳＡは資産形成手段として考え抜かれた傑作です

私は以前からつみたてＮＩＳＡの魅力・メリットに強く共感しており、２０２４年からの新ＮＩＳＡが発表される前から、つみたてＮＩＳＡの魅力についてもっと多くの人に知ってもらいたいとの思いで原稿をしたためていました。それが本書のベースになっています。

金融庁の主導によって立ち上がったつみたてＮＩＳＡは、**個人のための資産形成を考え抜かれた傑作です。**これによって資産形成の潮流は正しい方向に大きく動き出しました。つみたてＮＩＳＡは新ＮＩＳＡのもとで「つみたて投資枠」となりましたが、その精神は変わっていません。

「結局のところ何をしたらいいの？」本書を読んでこの言葉とはさようならしましょう！

本書は、資産形成を考えている多くの人の「**どうしたらいいの？**」**に答えを出すため**に書いています。そもそも、つみたてＮＩＳＡ（新ＮＩＳＡにおけるつみたて投資枠）はこれに対する答えとして用意されたものですが、その良さを理解していただき、どのように使っていけばいいのかについて十分に知られていません。

多くの人は、資産形成をするための過程において、いくつかの段階で悩まれています。その主だったものは、iDeCoやNISAがある中で自分はどれを選べばいいの？　自分に合う資産形成の方法はどういうものなの？　それに適した運用商品はどのように選べばいいの？　商品の組み合わせではどのように考えたらいいの？　などです。

「どうしたらいいの？」に答えるには制度の説明だけでなく、iDeCoなど他制度との比較、資産形成の考え方や具体的な商品の選び方など、それぞれにわかりやすい選択肢が求められます。つまり、必要なのは自動車免許の教習本ではなく、**将来に向かって自分に合った資産形成のガイド本です。**本書はその点を強く意識しています。ここでは、本書でお伝えするそれらのポイントについて触れておきましょう。

資産形成をするのに、迷ったりしていませんか？

なぜ、迷うのでしょう？　それは、**自分に合った商品がわからないから**ではないでしょうか？　自分に合う商品を見つけるためには、自分にはどのような資産形成が適しているのか、そして、それに合った商品はどのタイプな

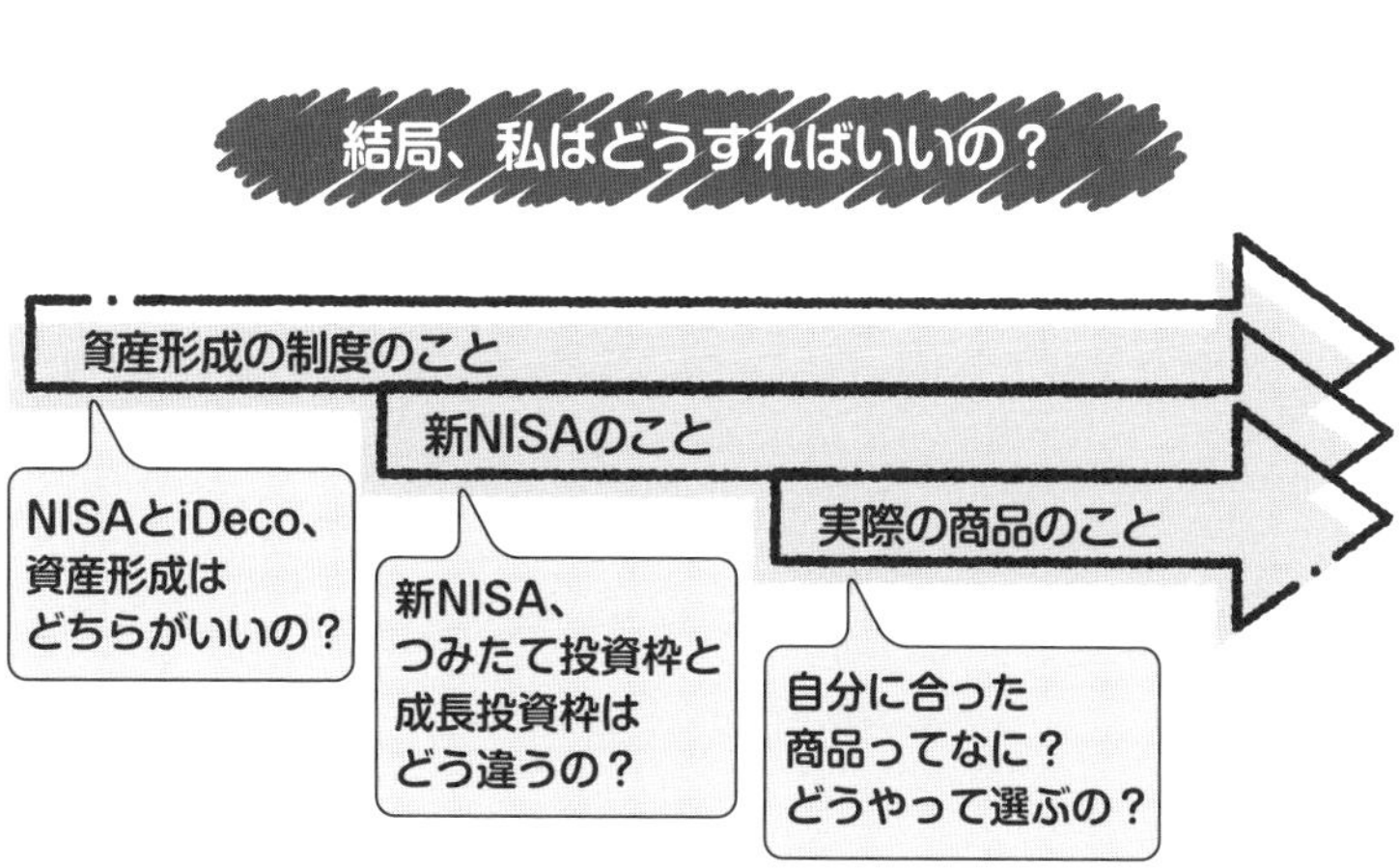

結局、私はどうすればいいの？
資産形成の制度のこと
新NISAのこと
実際の商品のこと
NISAとiDeco、
資産形成は
どちらがいいの？
新NISA、
つみたて投資枠と
成長投資枠は
どう違うの？
自分に合った
商品ってなに？
どうやって選ぶの？

のか、これを理解してマッチングさせることです。

しかし、これを自分で行うのは至難の業です。本書では最終形に辿り着きやすくするために、資産形成を目指すタイプを大別し、**それぞれに合った投資信託の具体的な見分け方**も説明しながらお話しします。

新NISAのつみたて投資枠と成長投資枠で悩んでいませんか？

資産形成に向いているのは、**断然につみたて投資枠**です。それはなぜか？　同じNISA制度に入っていますが、つみたて投資枠と成長投資枠ではその生い立ちが違うからです。成長投資枠の前身となる一般NISAは2014年に導入され、株式など様々な対象が取引できます。慣れている人が自由に何でもできる場、それが成長投資枠です。

それに対して、まさに資産形成のために作られたつみたてNISAは、つみたて投資枠に引き継がれています。ですから、世の中に5000以上ある投資信託から長期の資産形成に合った200台まで絞り込まれた投資信託があるのは**つみたて投資枠**だけです。新NISAの利用法があれこれと取りざたされていますが、その基本はつみたて投資枠にあります。

世間で言われているNISA、iDeCoなど、どれを使えばいいのでしょう？

資産形成にはNISAやiDeCoなどの制度が用意されていますが、どれが良いのか迷われることはないでしょうか？　資産形成を考える人、特に**会社員にとって**「**NISAでのつみたては最強のアイテム**」なのです。その理由は、会社員は手厚い公的年金や企業年金など、すでに年金の制度は十分に備わっています。ただし、年金は60歳まで引き出せないとか、受け取るときには収入とされて課税されるなど、気にしておくべき点もあります。

それを補完するものとして、NISAによるつみたては相性がいいからです。それは、**いつでも使えて受け取り時は非課税という、他の年金には無い制度上の特徴を持っているからです。**資産形成の方法も分散しておくことが後で大きくものを言います。これはもちろん公務員の方々にも当てはまります。

自分は何をしたらいいのかを悩んでいるあなた

私が本書でお伝えすることは、世間で出回っている新NISAの書籍とは視点が違います。新NISA全体についての制度や仕組みの解説書はすでに数多く出版されています。それに対して本書では、**新NISAの「つみたて投資枠」にフォーカスし、個人の資産形成にとっていかに優れたものなのかを理解してもらい、みなさんに合った利用方法をお示ししています。**

単独で読んでいただいても「何をすべきか」を十分に理解してもらえますし、他の本と併用してもらうことでグッと理解が深まるはずです。

大切なのは、「**私は何をどうするのか**」**についての納得感を持つこと**です。それは、納得しないものは長続きしないからです。

第4章 「NISAでつみたて」とiDeCo 軍配は「NISAでつみたて」 89

第1部

新NISAで
つみたては
会社員の
最強アイテム

序章　「NISAでつみたて」は資産形成の最強アイテム

新NISA制度の前身には、一般NISAとつみたてNISAがあります。それぞれに開始時期も異なり、どちらか一方しか利用できなかったものが、2024年からは両方を利用できるようになりました。それに合わせて、制度も大きく充実されたものになりました。

後ほどこれらについて見ていくわけですが、本書を読んでいただくにあたり、色々な資産形成手段がある中でどうして、従来のつみたてNISA（2024年からのNISAつみたて投資枠）がおすすめなのか？　**特に会社員にとってはそうなのか**、その全体像についてお話ししておきましょう。

ＮＩＳＡつみたて投資枠の商品は資産形成に向いた安心設計のものばかり

ここでは従来のつみたてＮＩＳＡをベースにしてお話しします。これはイコール２０２４年からのＮＩＳＡつみたて投資枠に引き継がれたので、今後も継続されるものとして捉えてください。私は２０２４年に新たに制度が拡充されることが検討されるようになる前から、個人の資産形成にとって、つみたてＮＩＳＡは非常に使い勝手のよいものと考えてきました。その主なポイントは、次の３つになります（下図）。

１つには、対象とする**商品面**についての特徴です。資産形成として運用を行うには、どの制度を用いたとしても最終的には必ず投資信託などの金融商品を通じて行うことになります。つまり、どれかの金融商品を選ばないといけません。しかしながら、個人が自分の目的に合った商品を選ぶことはかなり難しいです。それは、いつも生活に則している車や食料品、携帯機器などと違って、金融商品は形がないので捉えどころが難しく、また、普段から運用の知識を高める機会がないため、自分では判断しづらいからです。これは個人が資産形成を行ううえでの大きな課題となっています。

その点、ＮＩＳＡつみたて投資枠で利用できる商品は、**長期投資に適した投資信託に限定されています**。特に、投資初心者にとっては安心して利用できるものです。これは当たり前のように思われるかもしれませんが、決してそうではありません。少なくとも

図：つみたて投資枠で資産形成する３つの利点

今までこういったものはありませんでした。

お金を運用するには本当にさまざまな目的があります。それに応じた投資信託がたくさん提供されています。そのため、公募とされている投資信託だけでも5000以上あると言われています。この中から、長期の資産形成に向いているものはどういったタイプなのかを自分で探し当てるのは大変です。それに対して、NISAつみたて投資枠では280程度まで絞り込んでくれています。この点一つとっても、NISAつみたて投資枠の前身であるつみたてNISAは、個人の資産形成に寄り添ったものであることが分かります。

NISA特有の非課税制度は他の資産形成手段との相性が抜群

2点目は、NISAの税制上の扱いによる特徴です。私たちが特別な制度を用いずに運用を行うと、通常はそこから得られる運用益に対して約20%の税金がかかります。(配当金と譲渡益それぞれに所得税15%と、住民税5%、合わせて20%の税金がかかります。さらに2037年12月末までは、これに復興特別所得税が加わり、合計20・315%の税金がかかることになります)

それに対して、NISA制度を利用すると、**運用益は非課税となり、運用金額をすべ**

て受け取ることができます。これが資産形成を促進するための優遇措置なのですが、一口に非課税と言っても他の資産形成手段とは税制上の扱いが違うがゆえに、それらとの相性がいいのです。変に聞こえるかもしれませんが、**偏らないでバランスが取れる**ので好都合なのです。

他の資産形成手段とは「年金」と名の付くものです。厚生年金保険や国民年金といった公的年金。企業が福利厚生の観点で行う従来型の確定給付型や、最近になって採用が増えてきた確定拠出型の企業年金。そしてｉＤｅＣｏ（イデコ）の名称で知られる個人型の確定拠出年金。また、主に保険会社が提供する積立型の個人年金保険がそれにあたります。このように見てみると、私たちの老後に向けた資産形成は年金という制度のもとで行われているのがよく分かります。

以下は、それらの主だった手段と加入者数・契約数を示しています。私たちが当たり前のように積み立てているものは意外と多いです。皆さんも、自分が加入しているものにチェックを入れてみてください。

□　**国の制度による、会社員等が加入者となる「厚生年金保険」**
〈厚生年金保険加入者約４５３５万人〉

□　**企業が従業員のために用意した「企業年金（確定給付型）」**

- □ 企業が従業員のために用意した「確定拠出年金」、個人が自ら積み立てる「確定拠出年金（iDeCo）」
〈対象者約1095万人：企業型約805万人、個人型（iDeCo）約290万人〉
- □ 保険に貯蓄性を加えた金融商品である「養老保険など」を通じた貯蓄（終身保険は除く）
〈約901万契約〉
- □ 個人的に将来の年金を積み立てる金融商品である「個人年金保険」
〈約2005万契約〉
- □ 資産形成の手段として自らが積立投資を行う、「つみたてNISA」
〈約783万口座〉
- □ 個人の貯蓄促進のための各種「財形貯蓄」
〈約636万契約〉

ここに挙げたのは、公務員も含め、会社員と呼ばれる会社勤めの人が主に利用する代表的な「将来を見据えてお金を蓄える手段」です。それぞれかなりの人数が利用しています。そして、これらの制度や金融商品はすべて、何らかの形で税金面の優遇を受けています。

この中で「年金」と名の付く制度では、掛け金を掛けるお金の入口では、所得税等の課税対象外という税制上の大きな特典があるのですが、一方で年金の受け取り時には収入とみなされ、一定の控除枠を超えた部分は税金や社会保険料の対象としてカウントされます。これらは、受け取り金額の20%を超える場合もあります。

それに対して、NISAによるつみたては受け取り時では非課税ですので、こういった影響とは無縁です。NISAが他の資産形成手段である年金と相性が良いといったのは、**年金に偏ると受け取り時の税金や社会保険料の負担が大きくなることに対して、バランスよく分散する受け取り手段として適しているからです**。この点も、NISAを資産形成の手段として積極的に利用すべき理由の一つです。

利用面での圧倒的な自由度・柔軟性

3点目はNISAの制度に関することです。NISAの特徴として、18歳以上であれば「**だれでも**」「**いつでも**」利用できる制度ということがあります。2024年からは利用期間も無期限になるので、ここに「**いつまでも**」の言葉が加わります。

これだけでも非常に便利なのですが、それに加えて、いつでも解約して換金できるので、**必要な時にはすぐに利用できる**という大きな特徴があります。これは先ほどの年金と名の付いたものでは行えないものです。年金の場合、現役時代にお金を蓄えて、基本的に60歳以降にお金を受け取る制度だからです（民間の保険によるものを除く）。

「だれでも」「いつでも」「いつまでも」は、すごく柔軟に利用できる制度であることを意味します。色々な例が考えられるのですが、たとえば、シニア世代において1500万円を蓄えたうえで、「3％の運用を目指しつつ、蓄えたお金の3％を引き出す」ということもできます。運用と引き出しの利回りが同じであれば、理屈上はそれほど元本が減らない中で、毎年45万円（月々4万円程度）を引き出すというフレームワークも作れます。

また、いつでもお金を利用できることも安心できるものです。人生は波乱万丈です。計画通りにいけばそれに越したことはないのですが、芸能人やスポーツ選手に限らず、誰に聞いても「自分の人生は想定していたものではなかった」とおっしゃいます。そういった中で、NISAで行う資産形成のお金は、現役時代における教育費や住宅購入費などのライフイベントに充てることができるだけでなく、想定外にお金が必要になった時にも充当できます。これも2点目（税制面）と同様に、年金に偏ると必要な時にお金を利用できないことに対して、NISAであればいつでも利用できるので、**資産形成を**

図：つみたて投資枠で資産形成する3つの利点

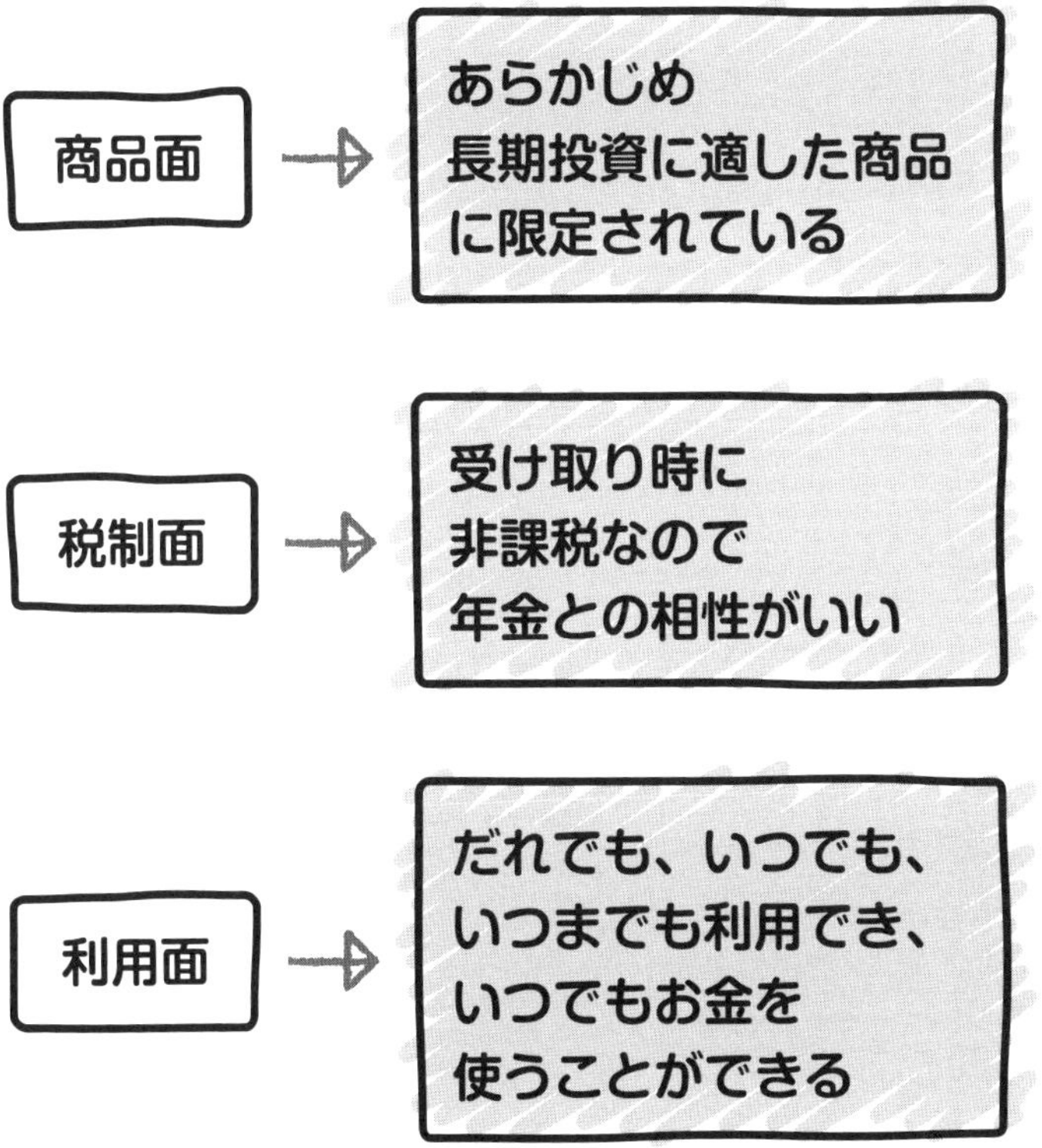
商品面
あらかじめ
長期投資に適した商品
に限定されている
税制面
受け取り時に
非課税なので
年金との相性がいい
利用面
だれでも、いつでも、
いつまでも利用でき、
いつでもお金を
使うことができる

行うえでバランスよく分散する手段として、ＮＩＳＡの利用価値が高い理由です。

これらの内容については、後ほど各章においてさらに深く見ていきます。

ＮＩＳＡにおける利用を確認しておこう

ＮＩＳＡが新制度になることに伴い、新ＮＩＳＡを解説する本が多く出版されていますが、本書はＮＩＳＡ制度の解説を主眼にしているものではありません。個人の資産形成ではぜひ、ＮＩＳＡつみたて投資枠を利用すべきことをお伝えするのが主眼です。そのため、ＮＩＳＡ制度について細かい解説を行うつもりはありません。ＮＩＳＡにはつみたてだけでなく、従来でいうところの一般ＮＩＳＡ、新制度ではＮＩＳＡ成長投資枠もありますが、それらも含めた制度の解説を目的とされている本はたくさんありますので、その部分は他の書籍にお譲りします。その意味では、運用をよく知っている人というよりも、現在何となく資産形成をしているつもりとか、これから行おうとしている人向けです。ＮＩＳＡ制度を解説している本に加えて本書を手に取っていただくと、利用の仕方をよくご理解いただけるものと思います。

かといって、いきなりＮＩＳＡつみたて投資枠についてお話を進めると、読者によっては「ＮＩＳＡ制度の概観くらいはざっくりと知ったうえで…」というご要望もあると思います。そこで、ここではＮＩＳＡの変遷とともにＮＩＳＡつみたて投資枠と成長投資枠の違いから、本書でつみたて投資枠を取り上げる理由について、ざっと見ておきましょう。

つみたて投資枠と成長投資枠、どういう人向けなの？

ＮＩＳＡとは２０１４年1月から始まった、上場株式や株式投信を対象にした少額投資非課税制度の愛称です。英国の個人貯蓄口座（ＩＳＡ：Individual Savings Account）をお手本にした制度であることから「日本版ＩＳＡ」とも呼ばれ、頭文字にNipponのＮを付けてＮＩＳＡ（Nippon Individual Savings Account）の略称となりました。日本の18歳以上の人が利用できます。これが一般ＮＩＳＡと呼ばれるものです。こちらは２０２４年からＮＩＳＡ成長投資枠となりました。

その後、２０１８年からは若年・中堅層の資産形成を促すため、一定額を積み立てる「つみたてＮＩＳＡ」（年40万円、非課税期間20年）がスタートしました。利用面の違いとしては、一般ＮＩＳＡは投資信託だけでなく、個別の株式など幅広い対象を利用できます。それに対してつみたてＮＩＳＡは、**長期の資産形成に適している投資信託に限定されています**。こちらは、２０２４年から**ＮＩＳＡつみたて投資枠となりました**。

そして、２０２４年からは**両方を利用できるようになりました**。

新ＮＩＳＡにおいて、一般ＮＩＳＡの後継である成長投資枠は、年間**２４０万円**までを利用できます。一方で、ＮＩＳＡつみたて投資枠はその名のごとく、積み立てることを目的とした制度ですので、**１２０万円**の上限です。このように見ると、株式にも投資ができて、大きなお金で短期間でも太く短く、タイミングも考えて「儲けることも目指せる」のがＮＩＳＡ成長投資枠であり、それに対して、細くても地道に長く、資産形成のスタンダードな姿を歩むのがＮＩＳＡつみたて投資枠と言えます。

成長投資枠とつみたて投資枠の大きな違い

- ＮＩＳＡ成長投資枠のほうが、投資できる対象が広い。
- 一年に投資できる金額が大きい。
- より自由に色々と運用をしたい人向けに、ＮＩＳＡ成長投資枠がある。

つみたて投資枠は、長期でコツコツと資産形成を考えている人向けであり、投資の入口に立っている人、また、若い世代の人向けの制度ということができます。

これはつみたて投資枠の上位に成長投資枠があるとか、成長投資枠が利用できないのはまだまだ未熟とか、そういうものを指しているのではないので、この点は誤解のなきようにお願いします。**目的が明確になっているのがつみたて投資枠**なので、その目的に合致しているのであれば、つみたて投資枠を利用すればいいのです。

適切な例ではありませんが、携帯電話の契約でも目的が定まっていないと、つい選択肢の多い契約とか「使い放題」を選んでしまいます。これは携帯に限らず、サブスクも含めて身近で多いことではないでしょうか？

もちろん幅広く構えてもいいのですが、目的がはっきりしている人は、つみたて投資枠でいいのです。そういう私もある程度は分かっているつもりですが、それでもつみたて投資枠の利用派です。それほどまでにすごく使い勝手がいいのです。

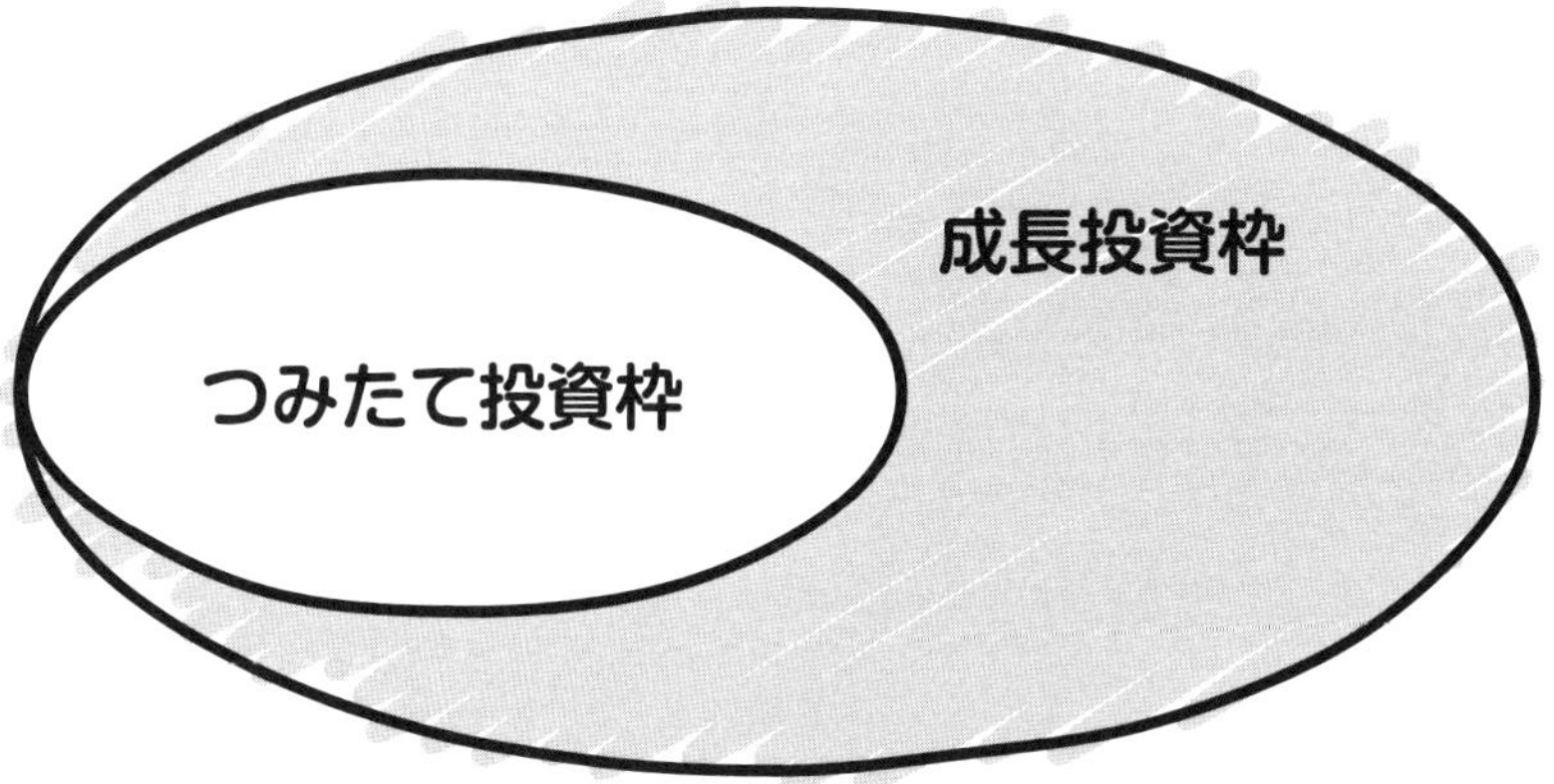

コラム

すでにつみたてNISAを利用している人に対して

2024年からの新NISAは、これまでとは別枠で新たなスタートになります。そのため、今まで行っていたものは、何もしなければそのまま従来の制度（つみたてNISAであれば非課税期間20年間での運用が継続）が適用されます。新制度に移すなど、あえて何かする必要もありません。

ちなみに私は、今までのつみたて分はそのままに運用を行います。せっかくの非課税枠なので、できるだけ使ったままにしたほうがお得です。

ただし、新NISA口座は1つだけとなっていますので、もし、別の金融機関に口座を新たに開きたい場合には、従来の取引口座では取引できません。

ここからは少し憶測も入りますが、本書で取り扱うつみたて投資枠の商品は、基本的に成長投資枠でも登録されるものと想定しています。その理由は、新NISAの制度が大きく拡充されたことにより、資産形成を考える個人のうちのかなりの人たちは、この制度の中で行うことが見込まれるためです。年間100万円以上とか、総枠で1800万円となると、そう簡単にはこの枠を超える人はいません。また、このNISAで提供できない商品を求める人は、かなりのセミプロのはずです。そうなると、つみたて投資枠を利用していた人が将来的に成長投資枠を使いたくなることも容易に想像されます。

たとえば、つみたて投資枠で積み上がったお金を別のタイプの商品にシフトするとか、投資の経験を積んで理解が深まることにより、つみたてだけでなく、一時的にまとまったお金で同じ商品に投資してみたいということも考えられます。つまり、両方の枠を利用できるので、基本形となるつみたて投資枠の商品は、両方に置いたほうが利用する人にとって便利と考えられるからです。

色々と書きましたが、新NISAになっても、この中でこれまでと同じく安心して取引ができます。

1 「NISAでつみたて」ができた理由はすべて個人の資産形成のため

新NISAつみたて投資枠の前身であるつみたてNISAの制度は、個人の資産形成における多くの課題を解決するために用意された制度です。この制度は、金融庁という銀行などの金融機関を監督する部署が作ったことも、深い意味と狙いがあったのです。

ここでは、どうしてこの制度ができたのかについてあらためて振り返ってみましょう。これによって、個人の資産形成における一つの姿が見えてきます。

つみたてNISAは年金ではない資産形成の手段

つみたてNISAは2018年に始まった制度です。今では資産形成手段の代表格として扱われていますが、他の制度と比べると、まだ10年も経っていない、ほやほやの生まれたてです。この制度は**金融庁が作ったもの**です。資産形成というと、iDeCoなどの確定拠出年金や、生命保険会社が提供する個人年金保険がありますが、つみたてNISAは年金の名前が付いていないことから分かるように、**年金制度ではありません**。そのため、年金と名前が付くものに特有の「掛け金が所得から控除されることによる税制上のメリット」はありません。将来に備えるための資産形成を促進するという狙いは年金と同じであっても、**制度自体は大きく違うもの**です。これらについては後ほどしっかりとお話ししますが、この点は大切なポイントです。

ではなぜ金融庁という、銀行や証券会社などの金融機関を所管する部署がわざわざこういう制度を作ったのでしょう？　この理由を知ることが、つみたてNISAの目的やそのよさを理解するうえでの近道です。

つみたてNISAの制度が始まる前も今も、個人が資産形成を行ううえでの中核となる運用商品といえば、**投資信託**です。誰でも少額から始めることができて、それらのお金を専門の運用者が運用してくれるという、非常に素晴らしいスキームを持った**金融商品**です。しかしながら、つみたてNISAの制度が始まる前までは、その機能が十分には活かされていませんでした。

一言で言えば、つみたてNISAが始まるまでの個人の運用では、投資によって長期で資産形成をしようという人はそれほど多くなく、お金に余裕があるシニアの限られた層が主に儲けを狙って行っているものでした。逆に言えば、運用したことがない人にとっては、何をすればよいのかその姿が見えにくいものでした。それは、投資信託の利用状況において、以下に示す特徴的な姿に表れていました。

- **投資信託の保有期間が短いこと**
- **毎月分配型に代表される高い分配を競い合うような商品が販売の中心であったこと**
- **特定の国や通貨へ投資する商品、テーマ型と呼ばれる商品が多かったこと**
- **投資信託の利用は、シニア層が中心であったこと**

これらはことごとく、現役世代の投資初心者が資産形成を行う姿とは違う特徴を示しています。つみたてＮＩＳＡのよさを知るうえで、それらについて振り返っておきましょう。

費用を抑えることにより、利用する個人と金融機関はより良い関係に

つみたてＮＩＳＡの制度が始まる前、投資信託の平均的な保有期間は5年間をゆうに下回っていました。これが意味するところは、顧客はある投資信託を購入しても、5年

以内に売却しているということです。これでは、長期の資産形成として用いられているとは言えません。どうしてこのような傾向が生じたのでしょう？ それは投資信託など、金融商品の取引にかかる手数料と関係があります。

例を用いて説明しましょう。吉井さんが100万円を投資信託で運用するとします。○○運用会社が運用する「(仮名) 世界厳選株式ファンド」の買い付け手数料上限3％の投資信託を、△△銀行が3万円を受け取る形で吉井さんに販売します。この手数料は、吉井さんのお財布から別途支払ってもらうのではなく、購入した100万円の中から差し引かれるので、吉井さんのお財布は痛くないのですが、吉井さんからすれば、購入した時点で100万円はすでに97万円となっています。

△△銀行としては、吉井さんに別の投資信託を買ってもらうと、新たに買い付け手数料が入ります。また、高い手数料が設定されているものを購入してもらうと、それだけ多くの手数料が銀行に入ります。このように、投資信託を販売する金融機関は、顧客が投資信託を買い替えてくれることが収入に結び付くため、商品の買い替えをすすめる誘因が働きやすくなります。その結果として、「投資信託の保有期間が短い＝余計な売買が行われているのではないか」との推測がなされたのです。

ここには、顧客と金融機関の間における**情報や知識の格差が影響しています**。仮にこういった格差がなければ、顧客は金融機関がすすめるものについての善し悪しを自分で判断できるので、顧客にとって不都合なものは断るなど、避けることができます。車を購入する時に余計なオプションをすすめられても、それが必要かどうかを自分で判断できますよね。しかし金融まわりでは、日常生活と比べて自分で判断できないことが多いです。これを**情報や知識の非対称性**と言います。そのため、すすめられるままに従うこともよくあります。このようにならないために、つみたてＮＩＳＡでは費用面でこういったことが起こりにくいような制約が課されました。

分配を抑えて再投資による投資本来の機能を促す

また、世の中には毎月に分配金を払い出す投資信託が売れ筋でした。分配金とは配当のようなものです。投資信託を通じてお金を運用するのは、ゆとりがあるシニア世代が多く、その分配金をお小遣いとして楽しみにしている傾向もあり、高い分配金を行う投資信託が人気だったのです。

実はこの分配金は、銀行預金の利息とは違って、収益が出ていなくても元本を取り崩す形で払い出すことが可能です。そのため、投資信託の中には見かけの高分配を続けるために、得られた収益以上の分配金を払い出すものが相次ぎました。

実力以上の分配金を払い出す投資信託は、時間の経過とともに、やがては元本が減っていきます。これでは投資信託が持つ複利機能を十分に活かすことができません。**複利とは、得られた収益を再投資することにより、利息から孫利息を生むように増えていくことです**。

たとえば、当初に１００あったものが年間３％の複利を生むと20年後には１８１になり、81増えます。３％を単純に20倍すると60なので、複利効果によって21（81－60＝21）がさらに積み上げられることになります。逆に、収益以上にたくさん分配するとどういうことが起こるのでしょうか？仮に、当初の投資元本に対して、毎年６％を分配すると、分配金込みで20年後には１・４倍にしかなりません。分配されたお金はリターンを生まないことを前提に試算していますが、大きな差になります。そのため、つみたてＮＩＳＡではこの点にも配慮された、**頻繁に分配金を払い出すタイプは採用されないこととされました**。

図：分配と再投資による効果の違い

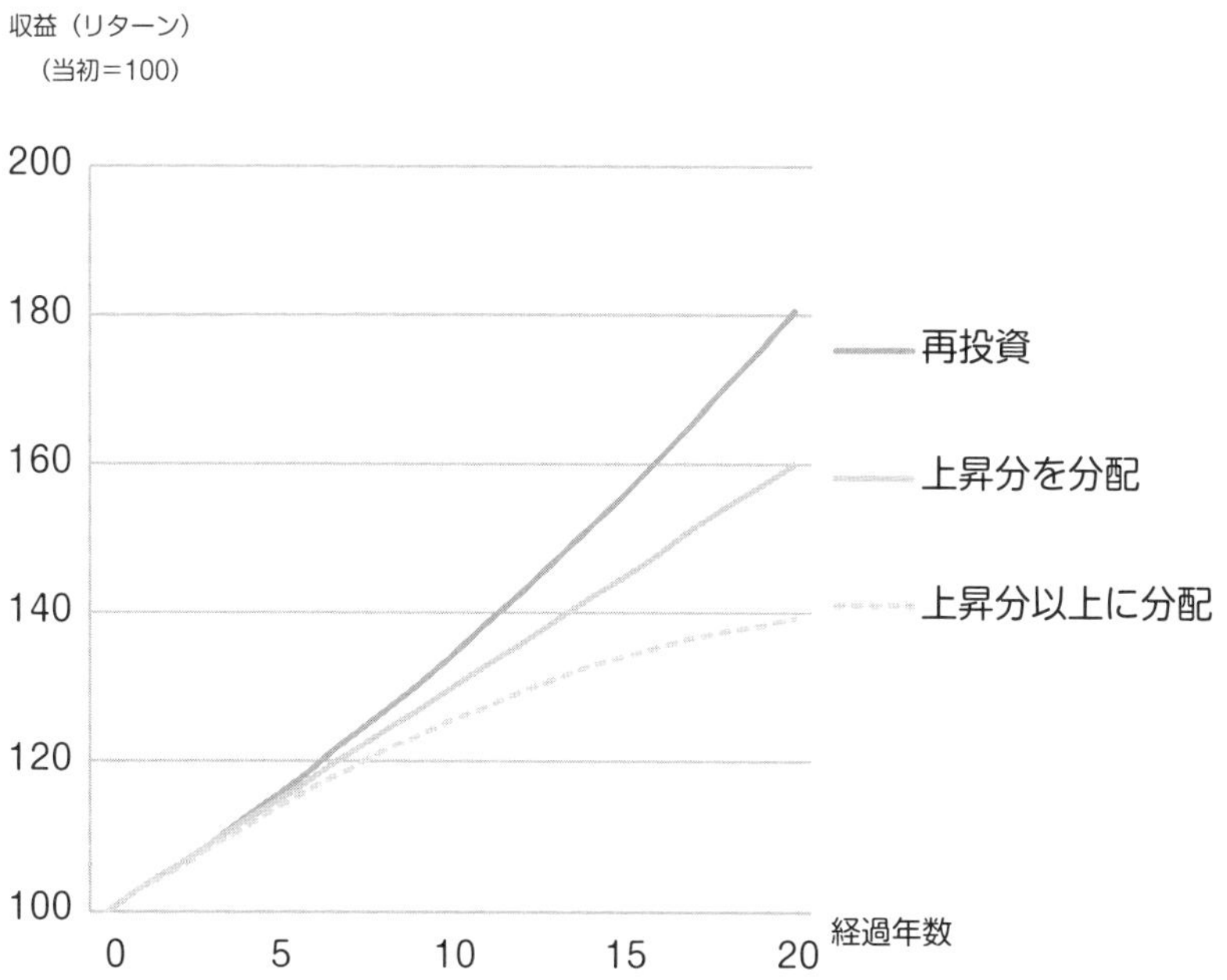

投資信託の強み、分散投資の機能を活かす

もう一つの特徴的なこととして、以前は特定の資産や国・地域、通貨に偏った投資対象とする投資信託が多く見られました。10％近い高金利国であったブラジルやトルコなどの債券や通貨、また、比較的高い利回りが見込まれる不動産投資信託（リート）資産に投資をするものが代表格です。しかしながら、高い金利が付くにはそれなりの理由があります。極端な例ではありますが、銀行から低い金利でお金を借りられないので、高金利のサラ金に手を出さないといけないのと似通っていて、国であっても、**高い金利は返済への信頼が相対的に低いことの表れです**。そのため、返済に支障をきたすとか、時には破綻するなどにより、国の信用が低下して通貨が大幅に下落することがあります。ギリシャの財政破綻は記憶に新しいことですし、インフレ率が数十％にものぼったトルコやアルゼンチンの通貨暴落はつい最近のことです。

また、特定の対象に偏るという点では、株式に投資をするものであっても、ハイテクとかＡＩ関連など特定のテーマに集中するものもあります。これをテーマ型運用と呼びますが、せっかく複数の企業の株式に投資をしたとしても、特性が近いものばかりに投資をするのでは、幅広く投資をすることによる**分散効果が生じにくくなります**。

このように、特定の資産や国・地域、通貨に偏った投資対象は、経済全体に幅広く投

資することと比べると、対象が偏っているので極端な動きになります。また、テーマ型の株式運用において顕著に見られるのですが、個人が「魅力的」と感じた時には、すでに投資対象の価格は将来期待のかなりの部分を織り込んでいて、その期待がはげ落ちると価格が大きく下落することもよくある話です。経済や投資対象をよく理解しているのであれば上手に収益をあげることもできますが、そうでない人にとっては向いていません。

当時、といっても数年前のことですが、今では当たり前のように考えられている、投資の初心者が目指すべき資産形成の仕方が描けていませんでした。そのため、多くの人が資産形成のための基本を踏まえるとか、パターン化された投資行動を起こそうとすることはなかったのです。

「長期・分散・積立投資」は金融庁が作った傑作

これらの課題に対して、つみたてNISAのコンセプトとして金融庁が打ち出したメッセージが、「**長期・分散・積立投資**」です。当初、国民の安定的な資産形成の方法として金融庁がこの言葉を用いた時、多くの関係者の反応は意外と冷めたものだったことを今でも覚えています。しかしながら、今はすっかり誰もが使うフレーズになっていま

長期投資 →	長期間で投資をすることにより、短期での価格変動の影響を乗り越えて、収益を得る確実性を高めることができる
分散投資 →	幅広い対象に投資をすることにより、特定の対象の影響を和らげ、安定性を高めることができる
積立投資 →	複数のタイミングに分けてコツコツと投資することにより、価格が低いところでもしっかりと買うことができる

す。この言葉について、私なりの解釈も含めて、説明を加えておきましょう。

お金の運用に「これだけ」といった特定の公式はありません。色々な方法があります。その中で、本書のテーマでもあり、多くの人が対象となる初心者にあまねく用いることができる、投資によって収益を得るための王道があります。その基本的な考え方は、「**経済的な収益が享受できる資産に長期で投資をすること**」です。

ここには**2つのポイント**があります。投資とは、経済活動によって収益が得られる資産にお金を回すことです。私の勝手な定義ですが、そうでないものを私は投機と呼んでいます。経済的な収益が享受できる資産とは、身近なものとして**株式**や**債券**、**不動産**になります。たとえば企業は、債券を発行してお金を調達して研究するとか工場や設備にお金を回します。また、株式を発行してお金を投資家から調達し、会社の運営に回します。そして、企業の活動から得られた収益は、債券への利息の支払いや株式への配当の支払いを行います。こうして、お金を提供した債券や株式の保有者である投資家に利息や配当が支払われます。

不動産のほうがもっと身近かもしれませんね。自分が賃貸用のアパートを所有していて、他の人に貸して賃貸収入を得ることをイメージしてください。つまり、経済活動によって収益を得られる資産である企業の株式や債券、不動産に投資をする

2つのポイント

ポイント1　運用をする対象	株式や債券、不動産など経済活動に関わっていて、時間の経過とともに収益を得られる資産を対象とする
ポイント2　運用をする期間	長期間の運用を行うことにより、株式や債券などの資産から収益を得る確実性は高くなり、得られる収益も時間とともに増える

図：投機（ギャンブル）と投資の違い

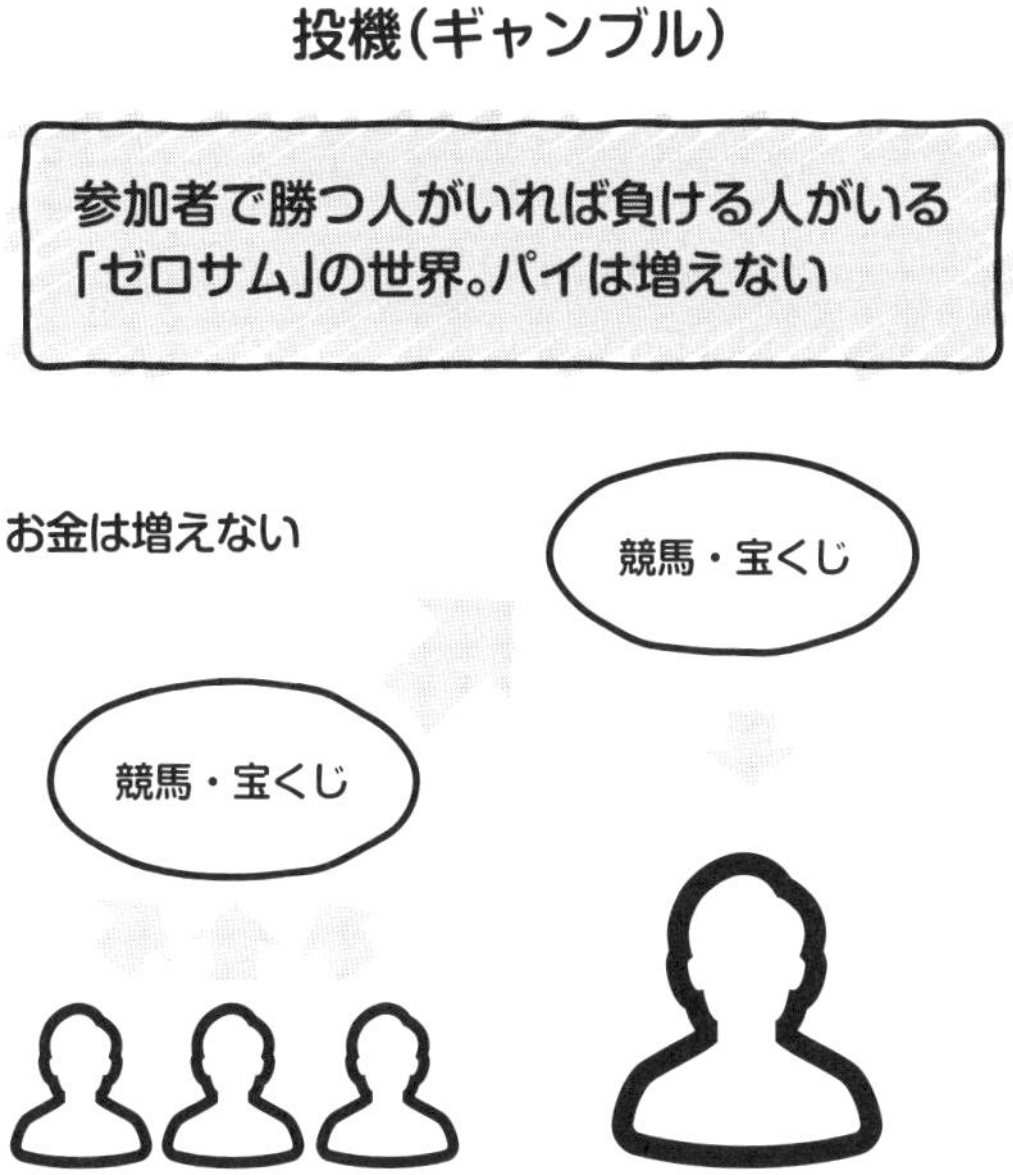
投機(ギャンブル)
参加者で勝つ人がいれば負ける人がいる「ゼロサム」の世界。パイは増えない
お金は増えない
競馬・宝くじ
競馬・宝くじ

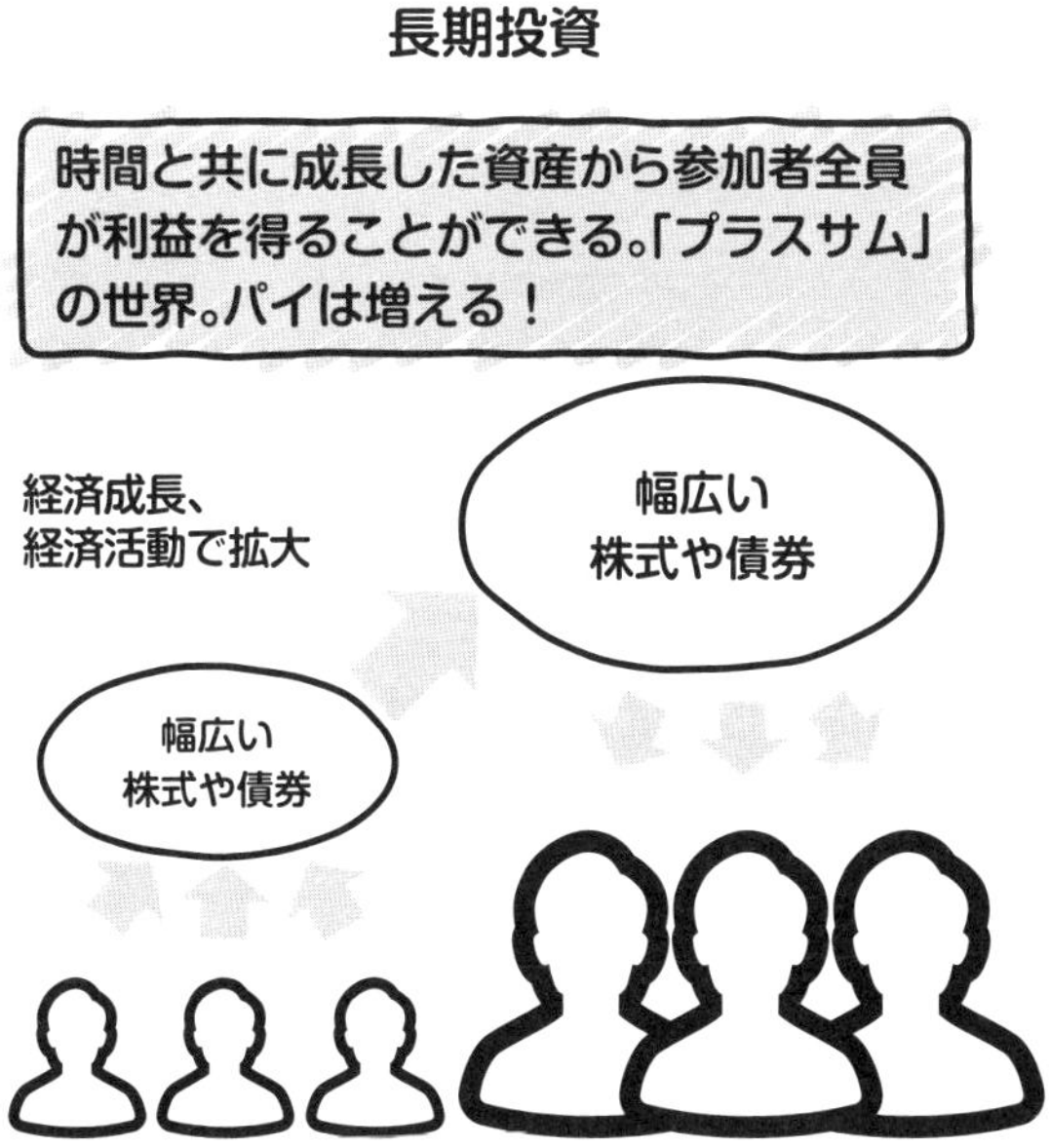
長期投資
時間と共に成長した資産から参加者全員が利益を得ることができる。「プラスサム」の世界。パイは増える！
経済成長、
経済活動で拡大
幅広い
株式や債券
幅広い
株式や債券

ことは、投資をした先でそのお金が経済活動として活かされることによって、そこで得られた収益を得ることができるのです。

それに対して、短期の為替取引や暗号資産はどうでしょう？　巡り巡って間接的な形では経済に関わっていますが、暗号資産は直接的には何らかの経済活動を生むものではありません。そのため、暗号資産を保有しているだけで、何かの収益を得られるという仕組みはないのです。もちろん、たくさんの人が「将来的に暗号資産はより必要とされる」と思って買い進むならば価格は上がるでしょうが、それは経済活動による恩恵というよりは、投機色の強いものです。

長期投資は個人だからこそできる方法

投資によって収益を得るための王道のもう一点は、**長期で運用すること**です。私たちが投資信託を通じて投資する債券や株式は、株式であれば取引所に上場して活発に取引され、債券は上場していなくても同様に多くの取引がある資産です。その価格は将来の期待を織り込んで取引されます。そのため、期待が上下すれば価格も上下します。株式と株価の関係で見れば、経済見通しがよくなれば株価は上昇し、悪化すれば下落します。

図：金融庁によるつみたてNISA、長期投資のグラフ

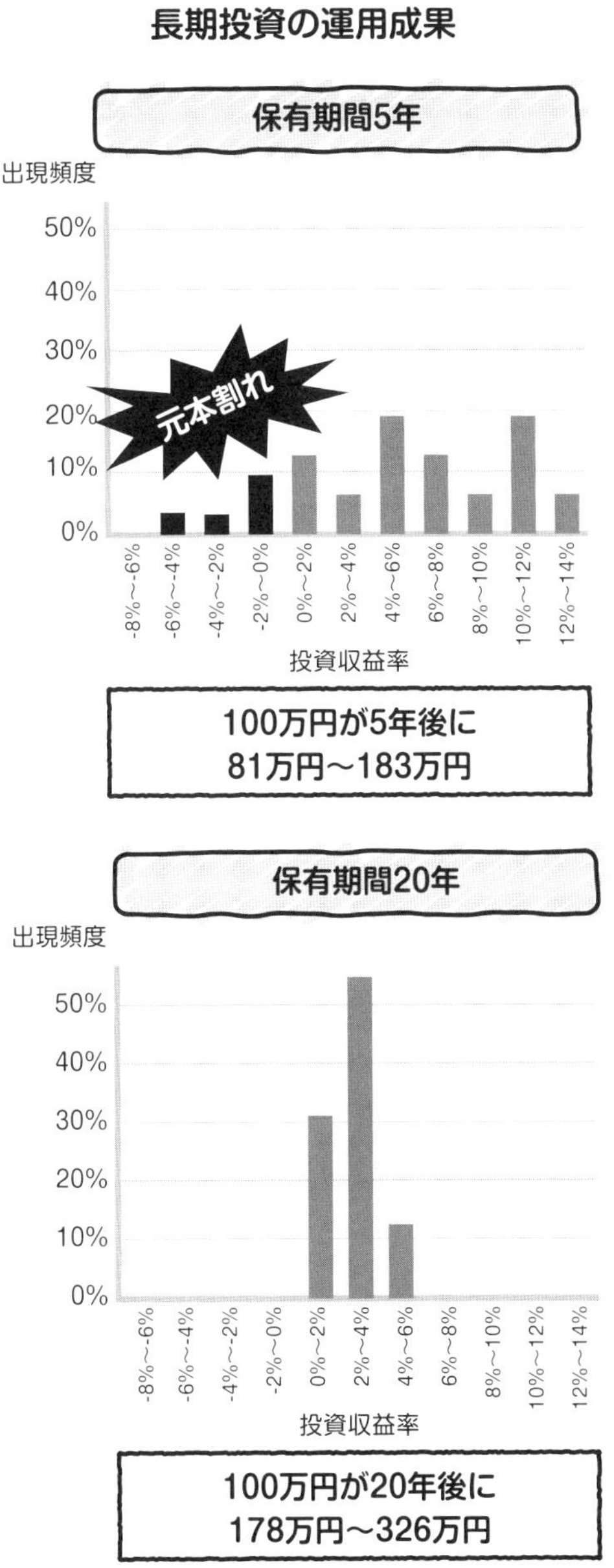

※金融庁 HPより

＊ 1985年以降の各年に、毎月同額ずつ国内外の株式・債券の買い付けを行ったもの。各年の買い付け後、保有期間が経過した時点での時価をもとに運用結果及び年率を算出（金融庁作成）

こういった経済環境の変化を受けながらも、経済が拡大していけばそれに応じて企業の収益も向上し、将来への期待も高まり、株式の価格も上昇します。たとえば自動車の世界一つとっても、電気自動車や自動運転などの技術発展で、これからもっとよいものを生み出し続けていくでしょう。

こういった動きは短期的には変動がありますが、長期になればなるほど収益を得られる可能性は高まり、安定します。これは理屈上で示されているだけでなく、実際にも投資によって取引される価格、そして、そこから収益を得られた結果によって示されています（図：「金融庁によるつみたてＮＩＳＡ、長期投資のグラフ」をご覧ください）。

繰り返しになりますが、投資には色々な方法がある中で、初心者が安心して用いることができる王道、それが「**経済活動によって収益が得られる資産に長期間の投資を行う**」方法なのです。

また、プロのように他人のお金を預かって運用する環境であれば、どうしても短期的な成果を出すことを求められますが、自分のお金を自己責任で運用する私たち個人は、どっしりと構えることができます。これは**プロと比べて数少ない強みでもある**のです。

ネット上では、この対極にある投資手法、たとえば「誰でもプロの極意を知れば短期間で数億円を稼ぐこともできる」といった、うたい文句をちらつかせてセミナーや有料講座に誘導する宣伝を見かけますが、古今東西、そんなにお金が簡単に得られる方法があるわけありません。

もう一つのポイント、分散投資で完了

そして、この長期投資を背骨とすると、筋肉となるものが**分散投資**です。分散投資が初心者にとっていかに重要なのか、すでにネットなど多くのところで書かれているので、ここでは簡単に書きます。

分散投資は特定の投資対象の影響を和らげることが目的です。たとえば作物を作る時に、単一作物で効率性を追求するか、それとも複数の作物を植えて満遍なく収穫を得ようとするのかに似ています。単一作物だと作業の手間や農薬などすべてを効率化できるので、上手くいけば高い生産性があげられますよね。しかし、害虫被害を受けると全滅です。それに対して、複数の作物、しかもそれぞれの関連性が低くて影響を受けにくいもの同士にすると、手間はかかり効率性は下がりますが、特定の作物に何かがあってもほかの作物の収穫で補うことができます。

ソニーだけに投資すると、ソニーという企業の業績や将来性だけに大きく左右されます。それを野村證券、日立、キッコーマン、トヨタと投資する対象を広げていくと、複数の企業に投資するのですから、ソニーだけに投資することと比べて、業績や将来性の

影響はより幅広いものになります。これを突き詰めていくと、日本の上場企業のすべてに投資をすれば、それは日本経済全体に投資をしているようなものです。個人のお金でそういうことはできませんが、投資信託を通じれば、多くの人のお金を集めて日本の企業に幅広く投資することも可能になります。

これにより、株式における企業だけでなく、特定の通貨や国・地域に偏った投資をしないで世界の多くに投資することもできます。そうすれば、結果的に世界経済の動きから恩恵を受ける投資になります。これは、特定の企業や通貨に投資をすることにより、短期間で大きな収益を上げることはできません。その代わりに、目指す収益は極端に高くはないとしても、より安定性を高めるものになります。野球でいえば、ホームランバッターではなく、アベレージヒッターのイメージです。

積立投資は時間のタイミングを分けること

長期、分散、とくれば最後に**積立**になりますね。これは長期、分散に比べれば必ず必要というものではないのですが、投資するタイミングにおいて、**タイミングを集中させずに、時間とともに投資を行うこと**になります。収益を得ることだけを考えると、理想は価格が低い時に投資をして、高い時に売ることです。ただ、そういうタイミングを見極めることは難しいので、**コツコツと買い続けることで、価格が低い時も含めて投資できます**。新型コロナが世界を席巻《せっけん》した時も価格は急落しましたが、そういうときに買うのは勇気がいります。スーパーでキャベツが一玉200円の時もあれば、100円の時もありますよね。そのタイミングを見極めようとするのは難しいから、コツコツと買い続けようというものです。

すでにお話ししたように、長い目で見ると、経済活動から恩恵を受けて価格が上昇する対象に投資をしているのですから、丁寧に買い続けていれば、**将来は収益を得られるはずです**。また、手元にたくさんのお金がなくても、生命保険の掛け金のように、積立によって投資し続けることで残高を積み上げることができます。

長期・分散・積立投資をまとめると…

これら長期・分散・積立投資は三種の神器のようなもので、それぞれが投資の効果を高めるものです。そして、**相乗的に効果を発揮するもの**でもあります。今一度、それらの特徴を一言で示しておきましょう。

長期投資

経済活動から収益を得られる、株式や債券などの対象に長期で投資をすることにより、経済状況の好不調による価格の変動を乗り越えて、期待される投資効果を得ることができる。

分散投資

投資する対象を広く分散することにより、特定の対象による影響を抑えることができ、安定性を高めることができる。個人でも投資信託を通じて分散投資を行うことにより、世界経済から恩恵を受ける運用も可能になる。

積立投資

投資対象の価格は経済状況によって、上がることもあれば下落するなど、変動するので、確実によいタイミングで買うことは難しい。積立による投資は、タイミングは狙わずに市場の上げ下げを意識することなく投資できるので、投資の初心者や

資産形成層に向いている。

長期・分散・積立投資は、多くの投資初心者でも安定した成果を得ることが期待できる運用方法です。そこから得られるもの、それは突き詰めれば、**経済成長による恩恵の享受です。**これまでの投資といえば、儲かりそうなもの、多くの利益をあげられそうな企業など、他人が気づいていないとか、市場が価格に織り込んでいない投資の機会を見いだして利益をあげるイメージが強いものでした。それに対して長期・分散・積立投資は、極論すればそういった「宝探し」をするのではなく、**誰でも参加できる「経済成長から享受という名の共済会に一口を出資して配当をもらいましょう」**というものです。

わずか5年で、個人の資産形成を取り巻く環境は様変わり

今でこそ資産形成の代名詞となっている長期・分散・積立投資ですが、金融庁がこの言葉を用いて考え方を示した時、多くのお金の専門家の反応は意外なほど冷めていたのを覚えています。分かりやすく言えば、「金融庁が変なことを言い始めた…」、このような反応でした。特に、既存のスタイルで投資信託を販売している立場からすれば、新たな方法を押し付けられるようにも映ったことでしょう。

図：だれでも安定した成果が期待できる資産形成の対象と手法

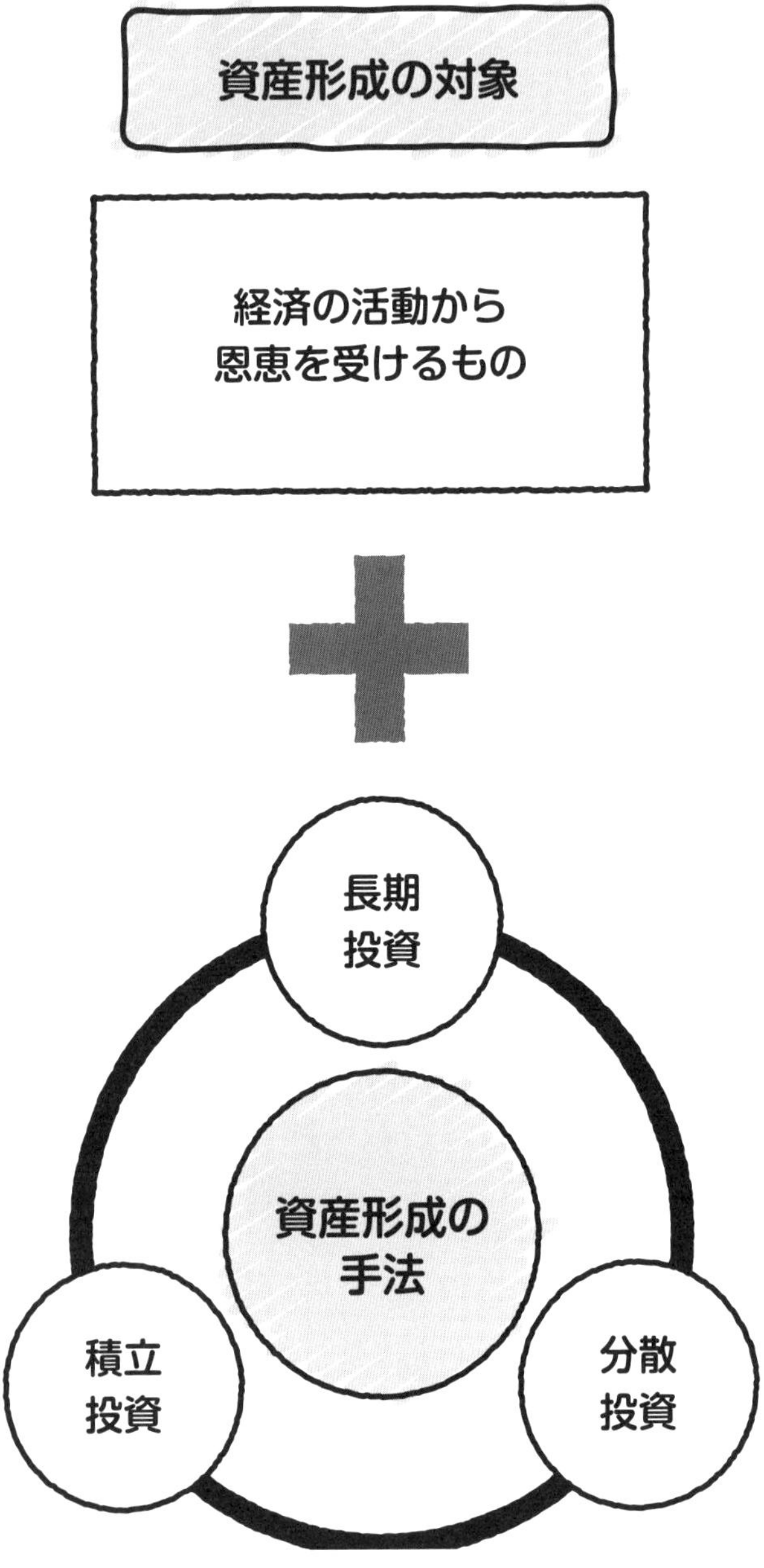

私はそこまで否定的な見方はしていませんでした。しかし、その時に投資信託の評価や販売アドバイスを行っていた身として、個人の資産運用における多くの課題に直面する中、果たしてこの考え方が課題を解決できる答えなのだろうか？　仮にそうだったとしても、投資信託の販売現場に受け入れられて根付くのだろうか？　直感的にそう感じたのを今でも覚えています。

しかし今振り返ってみれば、これが正しいアプローチを分かりやすく示した言葉であることがよく分かります。今では長期・分散・積立投資を否定する人はどこにもいません。むしろ、多くの「お金のアドバイザー」がこぞって、「簡単、これだけやっていれば大丈夫！」と積極的に用いています。「さすが金融庁！」と思わずにはいられません。今では口座開設の半数以上を若い世代が占めています。これは、日本の金融資産の6割強を60歳以上のシニア層が保有していることからすると、画期的なことです。

ただ一方で、私も含めて運用の世界で長らく働いてきた者にとっては、資産形成やお金の運用がこんなにも簡単で奥行きのないものと思われるのも、少し癪《しゃく》ではあります。運用の本質は奥深いものですが、投資の初心者向けとしては適した方法であるということを付け加えさせていただきます。

これにより、今までの投資信託の用いられ方は様変わりしました。投資信託の保有期間は5年を超えました。高い分配を頻度高く行う投資信託の残高は、以前は全体の半分強を占めていたものが大きく減り、投資の**複利機能**を活かす**再投資型**の残高が伸びました。特定の国・地域や通貨を対象とした残高は減少し、**幅広く分散して投資するタイプ**が増えました。

つみたてＮＩＳＡでは、口座開設者は基本的にコツコツと積み立てるため、着実に残高は増えていきます。制度が開始してから5年程度しか経過していませんが、2023年9月時点で905万口座、残高は4兆円になりました。つみたてＮＩＳＡ以外で投資信託を購入している残高は100兆円規模であることからすれば、まだ小さい割合に過ぎませんが、今後も確実に増えていくはずです。つみたてＮＩＳＡの運用スタイルである長期・分散・積立投資の浸透によって、個人の資産形成は大きく変化しています。

行政が関与しすぎても良い結果は生まれないと言われます。たとえば、海外に「クールジャパン」を広める取組みは、数百億円の赤字になっているとの報道が以前にありました。しかし、金融庁が行ったつみたてＮＩＳＡは、その指導力も相まって、国民にとって大きな成果を示したのです。そして、岸田政権による資産所得倍増計画の目玉施策として、2024年より**新ＮＩＳＡ制度はさらに充実したものになりました**。今後、個人の資産形成は新ＮＩＳＡを軸に展開されていくことは間違いありません。

コラム

敏感な若者の間で広がっていることには関係者も驚き

若者は世情に敏感で、よいと思ったものへの反応は早いと言います。つみたてNISAは、若い世代での利用が大きく広がりました。若い世代は社会に出ても終身雇用が守られるわけではなく、公的な年金でどこまで守ってもらえるのかも不透明な中で、自分を守ることへの意識がかなり高い世代とも言えます。私の息子もそうですが、自らお金の勉強をするとか、ファイナンシャルプランナーの資格試験を受けるなど、お金への知識欲はかなり強いようです。

また、自分で情報収集して自分で判断することにも慣れています。今はネット上で適切な検索さえすれば、ある程度の情報を得ることができます。それらの情報を素早く集約して、合理的な判断を下すことも若者の特徴です。その中で、客観的な意見を述べてくれる投信ブロガーが果たした役割は大きいです。

そして、若者がつみたてNISAを手軽に行うようになったもう一つの存在として、ネット証券が大きな役割をしています。手軽さを求める世代に対して、手軽に口座開設から商品選びまでを行える機能を持たせ、対面でのサービスが十分にできない一方で、便利さを提供しています。

このように、納得できる方法と商品を用意し、投信ブロガーが目利き役のようにアドバイスを行い、ネット証券を通じて手軽に取引を始められることによって、若者世代の口座開設は想定以上に伸びました。「友達もやっているし…」ということで、流行となっていたことも、普及の動きを後押ししました。

また、成功体験を積めることができた時期であったことも見逃せません。つみたてＮＩＳＡが始まってから２０２２年までは、途中でコロナショックなどもありましたが、金利は低位で安定し、株式はその恩恵を受けて上昇基調を保っていました。このことも、投資初心者の成功体験としては大きかったはずです。足元はインフレの上昇や**地政学的な問題**から、これまでと比べると難しい時期が続きそうなので、投資から離れる人も一部に出てくるかもしれませんが、辛抱強く続ける長期、積立投資の本質を理解している人が数多くいてくれるものと期待します。

図：つみたて NISA の年代別の口座開設数

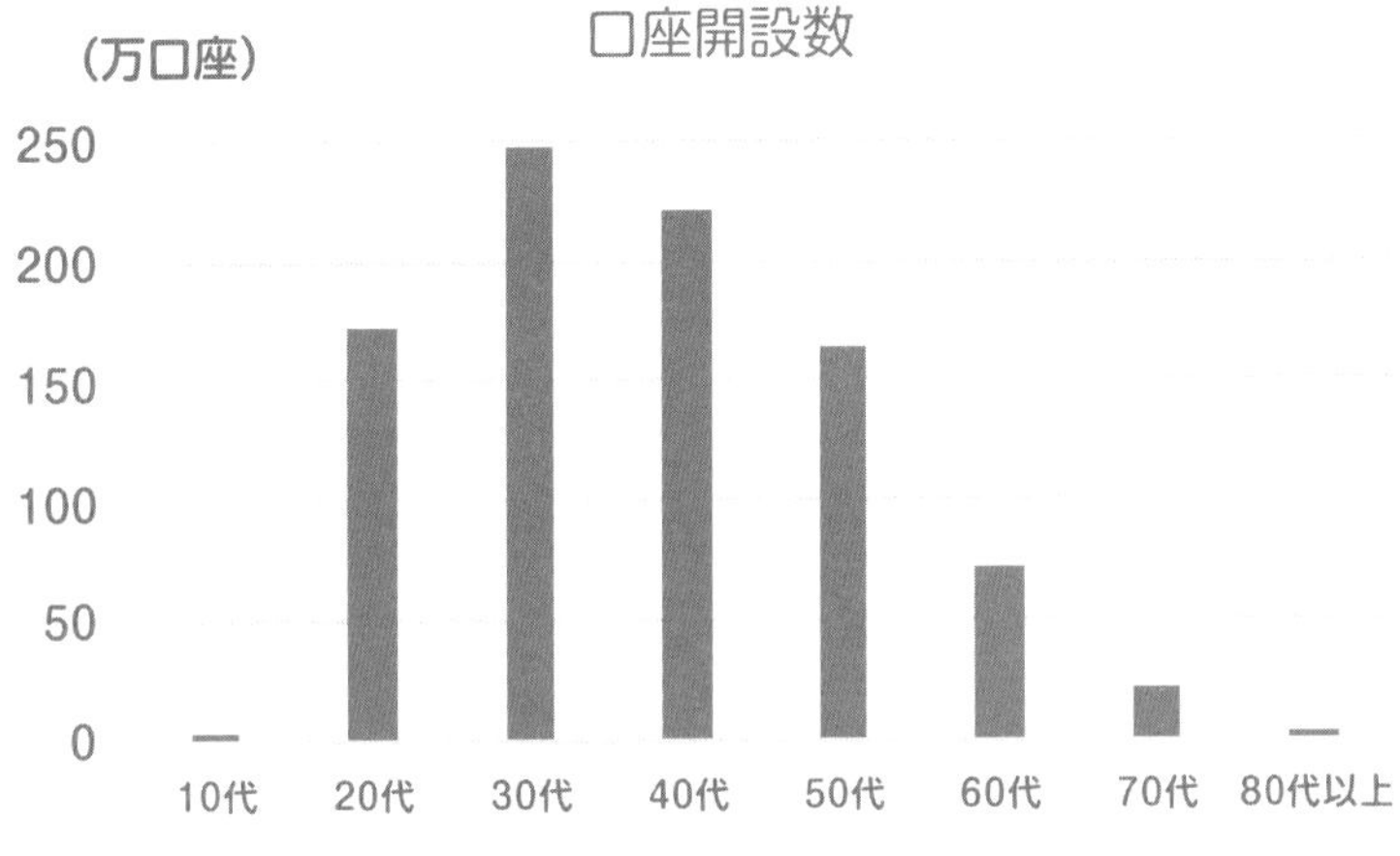

※金融庁 HP より筆者作成　2023 年 9 月時点

2 「NISAつみたて投資枠」の3つの特徴、それは完璧なお膳立て

前章では、2024年から始まるNISAつみたて投資枠の前身であるつみたてNISAが、当時の資産形成における課題を解決するために生まれた利用価値の高い制度であること、その代名詞でもある「**長期・分散・積立投資**」は金融庁が作った傑作であることなどをお話ししました。ここでは、それらも含めて、NISAつみたて投資枠が利用する側から見て、便利で用意周到に整えられたものであることについて確認します。

NISAつみたて投資枠が個人にとって素晴らしいのは運用商品を限定していること

2024年から始まる、NISAつみたて投資枠の原型であるつみたてNISAのよさはたくさんありますが、その一つに、長期・分散・積立投資という考え方に沿った運

地政学的な問題
地政学とは、地理学と政治学を合わせた用語。風土・環境、国家の位置づけなど地理的角度から、政治や社会、軍事の動きや影響を考える。地政学的な問題とは地政学リスクということも多いが、そういった地理的な位置関係によって緊張が高まることやその影響を指す。2020年代ではウクライナ紛争や米中摩擦などが挙げられる。

用商品の投資信託を、あらかじめ絞って**限定していること**が挙げられます。私が一番に評価したいのもこの点です。つみたてＮＩＳＡ用の投資信託についてお話しする前に、これがなぜ素晴らしいことなのか、お話ししておきましょう。

私は10年弱、投資信託の善し悪しを評価・分析する仕事をしてきました。その中で目にしてきたこと、それは個人が**自分にあった投資信託を選ぶことがいかに大変か**ということです。それは身近な個人のお悩みの声からも分かりますが、投資信託全体において、どのようなタイプの商品が売れているのか、お金の集まり方やその傾向からもその状況が把握できます。

たとえば、シニア層が**新興国の高金利通貨**にこぞって投資する動きを見れば、「おかしい動きをしている」と分かります。また、雑誌や出版社からはいつも投資信託の選び方についての解説を求められます。そのたびに「個人はそこに興味がある、つまり、悩んでいるのだな」と感じたものです。つみたてＮＩＳＡの登場によってかなり改善した面もありますが、本質的なところは今も大きく変わっていないと思います。

そもそも、自分がどういった運用をすべきなのかを理解することは難しいのですが、そこを理解して一つの大きなハードルをクリアしたとしても、そのタイプに合った投資信託にまで辿り着くのはさらに大変です。というのも、世の中には５０００以上とも言われる投資信託があります。それらはどういった地域に投資をするとか、「○○マイス

新興国の高金利通貨
トルコやブラジルなどの新興国は経済基盤がぜい弱なため、一般的に先進国よりも高い金利で取引される。金利が高いことは魅力的だが、価格の変動が大きいなどリスクも相対的に高いとされる。

ター」のような運用をイメージする、感じのいいサブタイトルが付いていますが、その中で自分に合ったものを自分で見つけるのは大変だからです。

ネット上や各金融機関のサイトでは、そのための検索ツールもありますが、これを使いこなすのも慣れていなければ難しいです。私もたまに、ネット証券の検索ツールで投資信託を調べますが、思ったような条件が見当たらないとか、実際に**目論見書**の中身を見ないと確認ができないなどの理由で、検索疲れを起こしてしまいます。

適切な例ではないかもしれませんが、飲食店の予約サイトで自分の好みの条件として、料理の種類や金額イメージ、人数などで検索したとしても、ズラッと出てくるお店の中にはフィットしないものがたくさん出てきて、探すことに疲れてしまうこともありますよね。投資信託の場合には、お店のようにメニューや写真でイメージできないので余計に大変です。だからといって、ネットを通じてではなく、金融機関の窓口で購入する時でも、自分が求めるものをしっかりと伝えることができなければ、思った商品ではない商品に行き着いてしまいます。

目論見書
目論見書とは、投資信託の特色として運用の方針、運用実績、手数料など投資判断に必要な重要事項を記載した説明書。投資信託を購入する投資家は、自身の投資目的に合っているかどうかを確認する。

つみたてNISA、それは一言で言えば「お膳立て」

そういった中で金融庁は、長期・分散・積立投資という考え方に合った投資信託を絞って用意しました。これは、資産形成の基本的な考えが根付いておらず、かつ、それに合った運用商品（投資信託）を見分けるのは大変だから、すべてを「お膳立て」してくれたのです。金融行政がここまで踏み込んだ例はあまり見たことがありません。そして、これが評価に値するのは、非常に大胆かつ的確な条件で絞り込んだからです。これによって、個人は安心して資産形成に取組むことができます。前章でも触れましたが、そのポイントは以下の通りです。

- **長期投資の効果を高めるために、費用を抑えたこと**
- **長期投資の効果を出すために、少なくとも株式を組み入れるものに限定したこと**
- **分散効果を高めるために、特定の指数を主にインデックス運用を中心にして、アクティブ運用は一段と条件を絞ったこと**
- **複利効果を高めるために、過度な分配を抑えて再投資するものにしたこと**

これにより、つみたてＮＩＳＡ用の投資信託として認められたものは２８０程度になりました。当所は１０３でしたが徐々に増え、新ＮＩＳＡによってその重要性が増す中で、直近も商品が増えてきました。それらを反映しても、投資信託全体を５０００とすると６％以下にまで絞り込まれた格好です。これは画期的なことです。

それでもまだ、金融庁のＨＰに掲載されている一覧を見ると多い印象を受けます。また、投資信託の名称や分類だけの情報では、多くの人は自分に合ったものを選択できないでしょう。名前に、ライフプランとかライフステージ、堅実型や積極型、見たこともない指数、はたまた株式だけを対象にしたものと４資産、５資産、８資産を対象にしたものの違いはなに？　などなどが複雑に絡み合っていて選ぶのは大変です。

しかしながら、どれを選んだとしても先ほど列挙した条件を満たしているので、**全くピント外れな投資信託に当たることはありません**。「外れクジ」はないのです。少なくとも広い範囲でみれば、資産形成に適している範疇の投資信託を選んでいることになるので安心です。その中でも、より具体的にどういった投資信託を選べばよいのかについては、第２部においてしっかりとご説明します。

図：つみたて NISA 向けは絞り込まれたもの

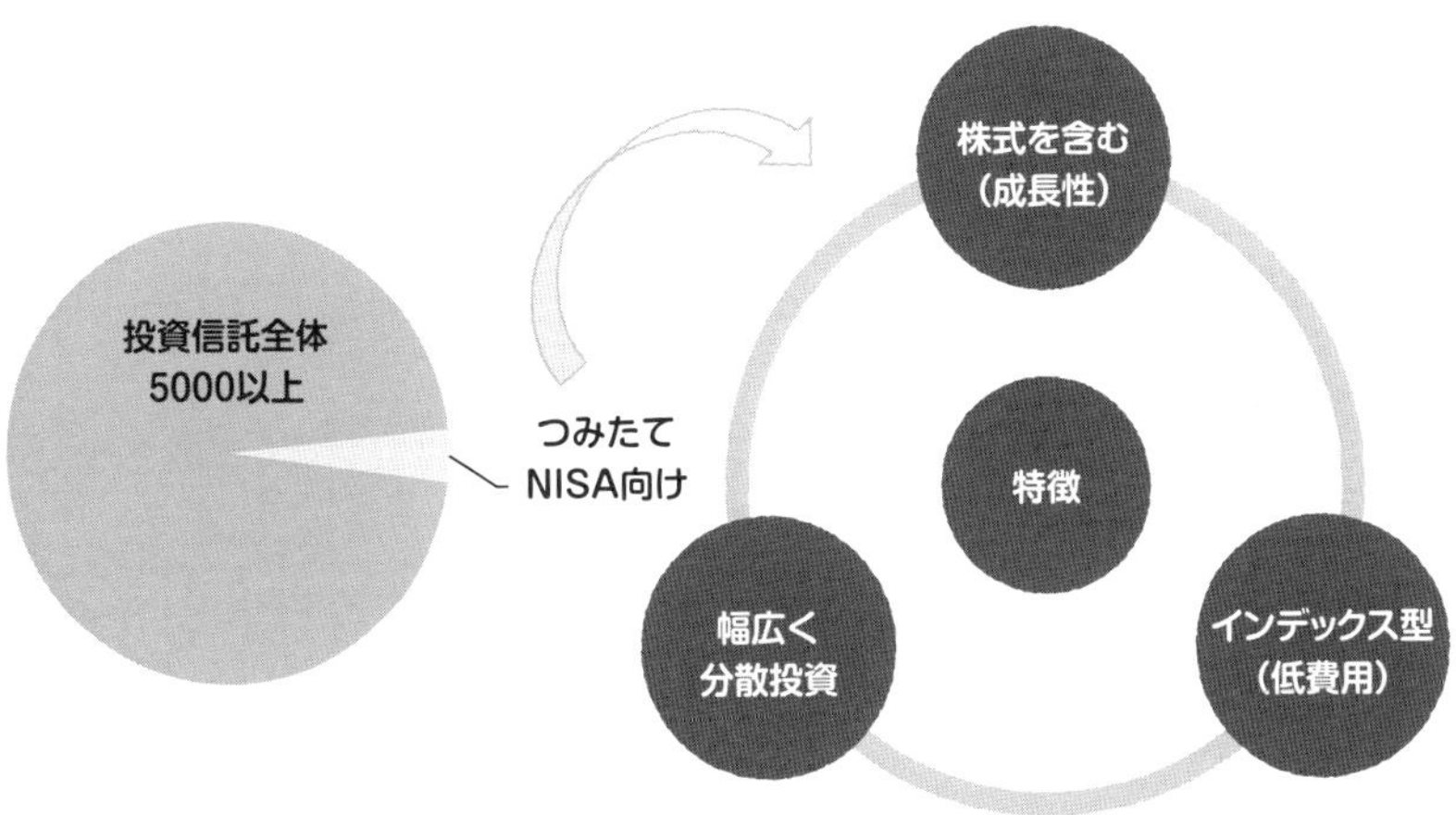

大胆かつ的確な条件での絞り込み

先ほどはポイントだけ列挙しましたが、つみたてＮＩＳＡは明確な目的を持って、わかりやすい条件を設定しています。その点について、理解を深めるための補足をしておきましょう。

長期投資の効果を高めるために、費用を抑えたこと

投資信託という金融商品を通じてお金を運用する場合、大きく分けて次の３つの費用がかかります。

- **最初に購入する際にかかる「買い付け手数料」**
- **購入して運用し続ける限りその期間に応じてかかり続ける「運用管理費用（信託報酬）」**
- **売却する際にかかる「信託財産留保額」**

このうちの、最後の解約時にかかる信託財産留保額は取られてもかなり低い料率なの

で、ほとんど影響はありません。それに対して、最初の買い付け手数料は、投資信託によっては数％もかかることがあります。また、運用管理費用も投資信託によっては、毎年１％以上かかることも多いです。

仮に買い付け手数料が３％で、運用管理費用が毎年１・５％かかるとすると、20年間運用し続けると、これらの費用だけで33％（３％＋１・５％×20年）もかかる単純計算になります。費用を抑えることはそのまま収益につながるわけですから、長期投資において、費用は抑えるに越したことはありません。

これに対して、つみたてＮＩＳＡで採用されている投資信託は、**買い付け手数料は原則ゼロです**。また、運用管理費用にも、投資する資産や運用するタイプによって**上限が設けられています**。代表的な指数を対象としたインデックス型の運用を前提としているので、実際に登録された商品の運用管理費用は、上限よりもかなり低く抑えられています。たとえば、世界の株式を対象とする投資信託で、費用の低いものでは年間で０・１％かそれ以下しかかからないものもあります。これであれば、20年間保有しても２％程度です（０・１％×20年）。

このように、運用にかかる費用を低く抑えることは、金融機関側の自助努力だけでは難しかったのではないかと思われます。金融庁によるこの取組みは、投資家にとって大変にありがたいものでした。

長期投資の効果を出すために、少なくとも株式を組み入れる投資信託に限定したこと

つみたてＮＩＳＡは、長期での資産形成を前提としています。積立貯蓄のように、お給料の中からコツコツと少額でも積み立てれば、長い目で見れば大きく膨らんでいることを目指すための制度です。

そういった長期で投資できるのであれば、**一番に適している投資対象は株式になります**。それは、私たちが一般に投資できる代表的な資産の中で、**最も収益性が高い資産**だからです。株式は短期的には価格の変動も大きいのですが、長期になればそういった変動を乗り越えたうえで、高い収益性に見合った成果を得られます。運用の鉄則は、時間を味方につけられるのであれば、つまり**短期間で生じるかもしれない価格変動を気にしないでいられるのであれば、収益性の高い株式に投資すべきです**。

金融庁が、つみたてＮＩＳＡ向けの投資信託に株式の資産が入っていることにしたのは、まさにこのことを狙いとしています。株式だけを対象とする投資信託だけでなく、株式と債券など複数の資産を組み入れたバランス型と呼ばれる投資信託も認められています。シニア層であるとか価格変動が大きいものに抵抗感がある人には、こういったタイプも向いているでしょう。ただ、若い世代であれば、シンプルに株式に投資する投資信託でよいと思われます。この点も、第２部において具体的な選び方をお話しします。

分散効果を高めるために特定の指数を主にインデックス運用を中心にして、アクティブ運用は一段と条件を絞ったこと

つみたてNISAでは、**インデックス運用の投資信託を前提としています**。スタンダードで幅広い銘柄等で構成された指数を公表しており、それ以外の指数を対象とする投資信託は「指定インデックス投資信託以外の投資信託」の欄にアクティブ運用とともに掲載されています。つまり、金融庁のHPに「指定インデックスの投資信託」として掲載されているものは、金融庁が「**これが望ましいと思うよ、これでいいと思うよ**」と定めた指数に連動するインデックス運用なのです。

株式を投資対象とするインデックス運用と言っても、その範囲はまちまちです。日本の株式市場を対象にするのか、海外の先進国なのか新興国なのか、はたまたこれらすべて含めたものなのかによって、対象とする国や企業数は違ってきます。また、特定の国としては日本と米国だけが指定されており、それ以外の特定国は対象とされていません。日本の株式は私たちにとってなじみのあるものです。

表：対象国・地域ごとの投資信託

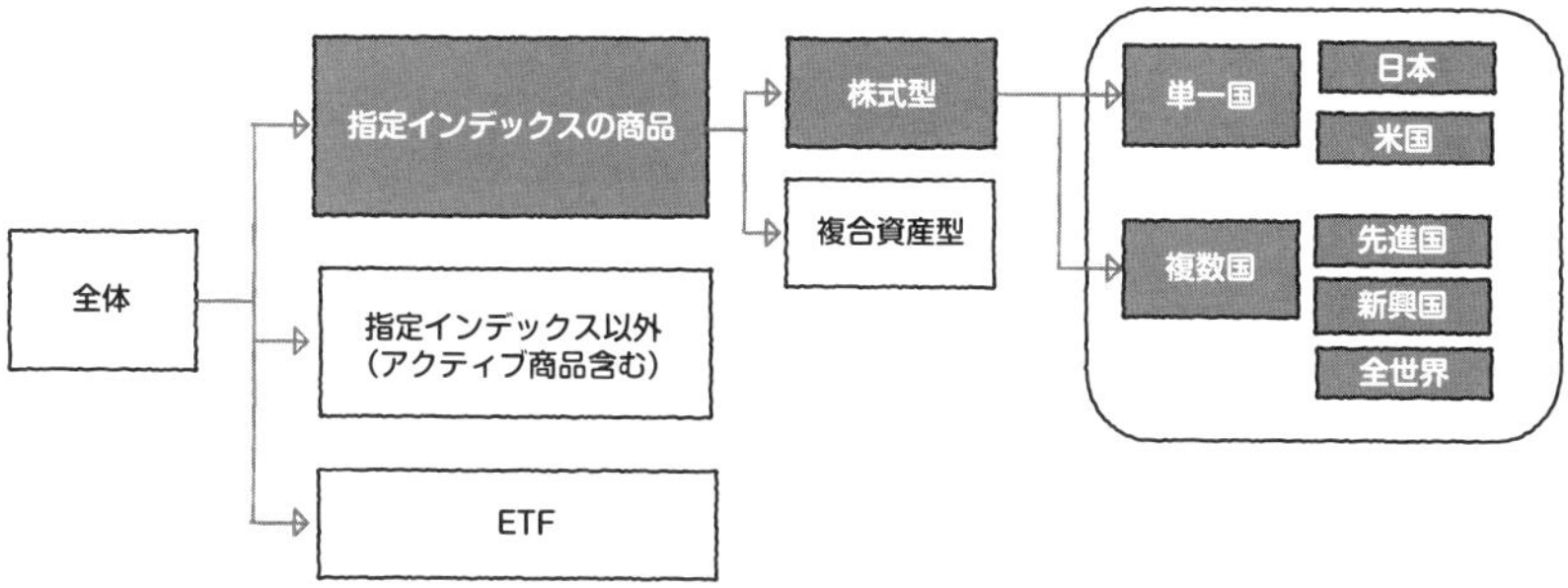

※金融庁HPより筆者作成（2023年7月現在）

図：（イメージ図）アクティブ運用とインデックス運用の違い

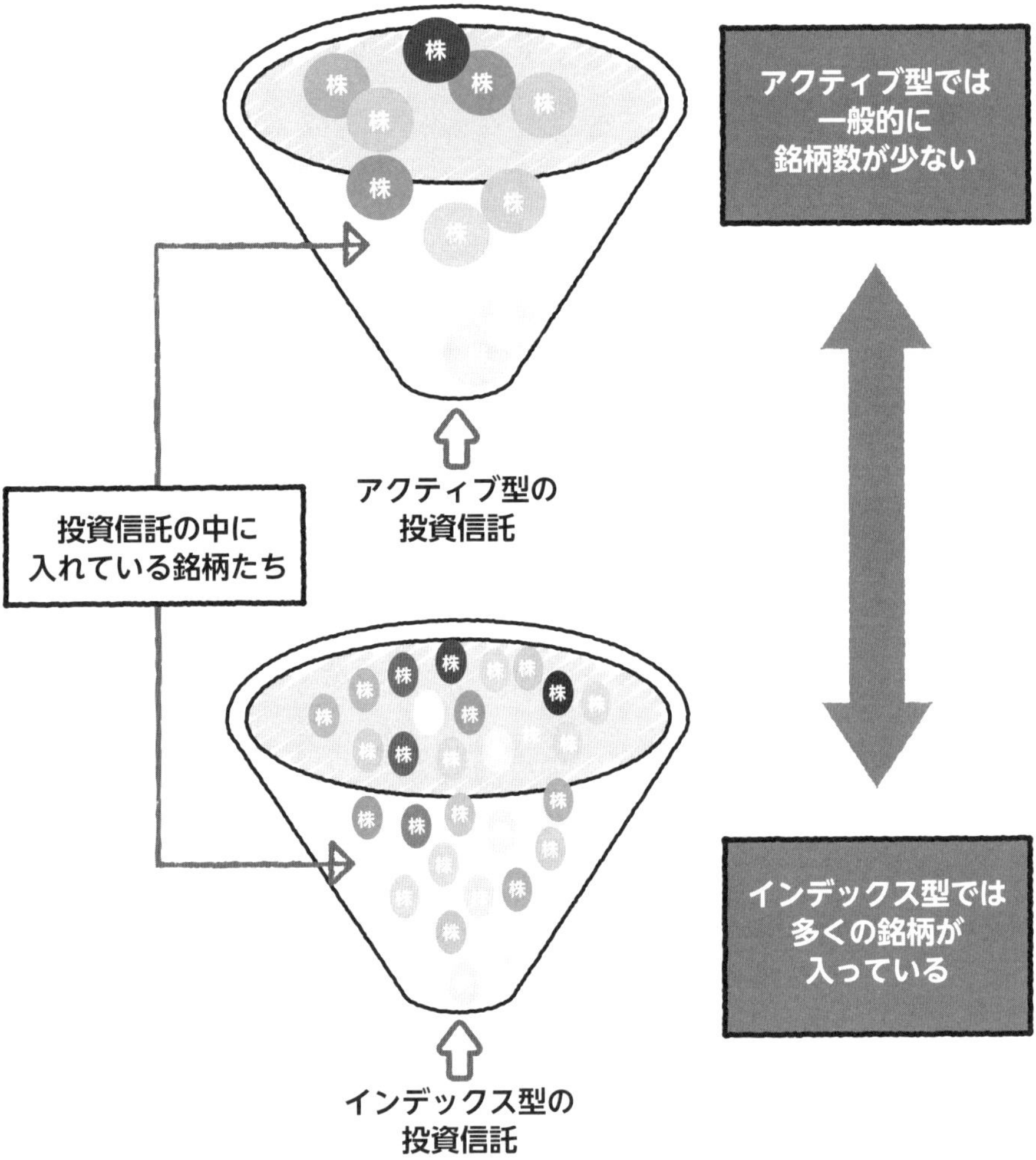

ソニーやトヨタなど、身近な企業を対象にしており、情報も溢れています。経済力で見ても世界上位に位置しています。また、米国は言わずと知れた世界一の経済大国であり、マクドナルドやコカ・コーラなど超有名企業が名を連ねています。これらの2か国は株式市場も洗練されており、単一での指数も認めていますが、それ以外の国はたとえドイツ、オーストラリア、英国であっても認めていません。

株式だけを投資対象とした指数として、当初は15に限定されました。こういったところも、投資する個人の側からは分からなくても、分散度合いや安定度合いについて金融庁のほうでしっかりとコントロールしてくれているのです。

そして、インデックス運用は個々の企業調査などの負担がないため、低いコストで運営ができ、そのため費用が低くて済みます。もちろん、投資信託によって、低い費用の中でも微妙に違いはありますが、目くじらを立てるほどの違いではありません。また、**テーマ型**などの偏った投資対象にお金を投じてしまうことも避けられます。インデックス運用の投資信託を中心に据えたことで、**低い費用や分散投資といった面を確保することができたのです**。

テーマ型

テーマ型とは、AIやEV自動車、インフラなど特定の分野や将来性に注目することを指し、そのテーマに関連する企業などに投資対象を絞ることにより高いリターンを目指す投資信託を「テーマ型投信」と呼ぶことが多い。

複利効果を高めるために、分配を抑えて再投資するものにしたこと

投資信託は、一定の頻度でお金を分配することができます。毎月もあれば隔月、半年、年に一度といった具合です。そして、その分配金は収益が得られた部分だけでなく、元本から払い出すケースも多々あります。払い出すことが必ずしも悪いことではなく、それによる使い勝手のよさもあるのですが、投資の複利効果を高めるには**収益が得られた部分を再投資したほうがよいです**。

良いワインは熟成させるほど深みが増します。身近な料理では、カレーも寝かせたほうがまろやかになります。世間では複利効果について、「こんなに低金利なのだから、複利といってもほとんど影響ないでしょ…」と思っている人が多いです。たしかに、私たちの身近な銀行預金では複利効果はほとんどありません。それに対して、投資信託の場合は違います。投資信託は価格が変化しますよね。その**価格上昇分も、金利利息と同じく複利効果を生むのです**。これは運用を学ぶ機会がある人であれば常識ですが、普段から銀行預金だ

図：金利利息と価格上昇の複利効果のイメージ
～金利1%、価格上昇2%のケース～

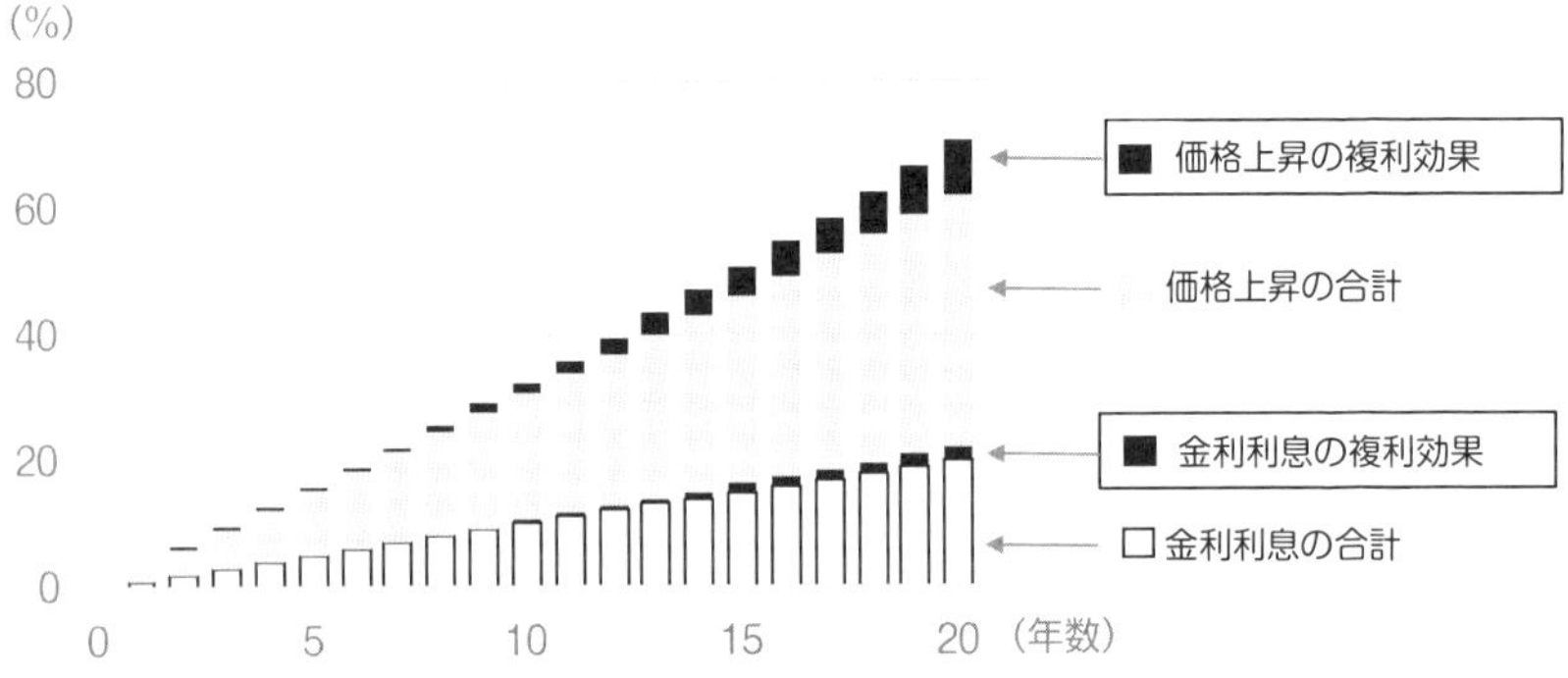

けしか取引がない人にとっては意外と知られていないことです。

分配金を過度に支払うことは、熟成させる価値のあるワインを熟成前に飲んでいるようなものです。もちろん、ボジョレー・ヌーボーのように、最初から熟成させることを前提にしていないワインもありますが、投資価値が高いもの、潜在的に期待できる収益性が高いものほど熟成の価値があり、**再投資機能によって高い効果を得られるのです**。

これらを背景に、つみたてNISAに採用される投資信託は長期投資の効果が高まるように、毎月に分配金として払い出すタイプは対象外とされました。つみたてNISAの真に優れているところは、こういった理屈を知らなくても、**長期・分散・積立投資に見合った運用商品の投資信託を利用できること**です。

逆に言えば、つみたてNISAの制度を使わなくても、初心者だけれども長期投資による資産形成をしたい人がどの投資信託を選べばよいか迷った時は、つみたてNISA用の中から選べば間違いはありません。

つみたてNISAは誰でもいつでも利用できる非課税運用の制度設計

今までお話ししたことこそがつみたてNISAのよい点ですが、これは利用者にとって何か特別なメリットを得られるというよりも、**多くの国民が悩まないように資産形成をするためのお膳立てです**。

つみたてＮＩＳＡの特徴を制度として見てみると、成人であれば誰でも利用できる非課税制度にあります。年金との比較は後ほど詳しくお話ししますので、ここではその頭出しをしておきましょう。身近なところではｉＤｅＣｏのような年金制度は、将来の備えのためという目的は共通ですが、その基本構造は一定年齢まで掛け金をかけて老後はそれを受け取ることを前提とした制度です。つまり、ライフサイクルの中で考えられた公共性の高い制度であり、そのため厚生労働省が所管しています。

それに対してつみたてＮＩＳＡは、誰でも何歳になっても、将来のための備えとして利用できる非課税制度です。確定拠出年金も利用年齢の上限が引き上げられたので高齢になっても利用できる制度になりましたが、**年齢に全く制限がないのは、つみたてＮＩＳＡのみです**。

そして、つみたてＮＩＳＡにおける非課税は**運用収益に関するもの**になります。私たちが普通に投資信託などを通じてお金を運用すれば、運用で得られた収益に対して約20％の税金がかかります。

たとえば、20年間３％で運用して１００の元本を複利で１８１にしても、この増えた81に対して約20％の税金がかかると、受け取り額は約65になります。このように優遇措置を受けないで運用した場合には、途中を複利の非課税扱いで運用したとしても、出口では収益に対して税金が取られますが、つみたてＮＩＳＡであれば、差し引かれることなく満額を受け取ることができます。**非課税の効果は、運用する期間が長くなるほど、そして、運用する対象の収益性が高いほど、その効果を発揮します**。

非課税の適用期間として一般ＮＩＳＡは原則5年間（ロールオーバーを含めると10年間）、つみたてＮＩＳＡは20年間でしたが、制度改正において２０２４年より、非課税期間の恒久化が決まりました。これにより、長らく続けていても非課税であり続けることになったのです。

非課税の効果は、……

非課税でなければ運用益に税金がかかる。つまり、運用益が大きくなるものほど、非課税制度を利用したほうが効果は大きい。運用益が大きくなる可能性としては、長期で投資することにより複利効果も相まって収益が拡大すること、また、株式など収益性が高い資産に投資をすることによる。つまり、収益性の高い資産に長期投資をするほど、非課税の効果は高まる。

3 会社員と「NISAでつみたて」は相性がいい

会社員は厚生年金保険や健康保険といった社会保険が充実しています。もちろん、収入から差し引かれるこれらへの負担も大きく、よく新聞等で取り上げられています。こういった負担に基づいて充実した制度の恩恵を受けているのですから、それらを資産形成においても考慮して活かすべきです。

ここでは、そういった観点から、会社員にとって、NISAでのつみたてがいかに使い勝手のよいものなのかについてお話しします。

実は会社員は恵まれている

会社員は収入のすべてが丸裸にされているので、個人事業主と比べて損しているという話をよく耳にします。「個人事業主は何でも必要経費で落とせるからいいよね」と言ったりしますよね。企業で働く身にとっては、税金面で融通が利くように見える個人事業主は羨ましい対象に見えます。しかし、会社員も多くの点で守られているのです。

その中で**最大のポイントは社会保険の充実**です。社会保険とは「厚生年金保険」「健康保険」「介護保険」「労働者災害補償保険」「雇用保険」の総称です。その中でも本章では、影響の大きい厚生年金保険と健康保険について取り上げます。それに加えて、多くの会社では退職金や企業年金といった福利厚生の制度も用意されています。

会社勤めであることは、これらの特徴も考慮して資産形成を考えることが大切です。というのは、それぞれが単独で税金や社会保険料の対象になるのではなく、合算されて対象になることが多いからです。その点では、会社勤めの人と自営業やフリーランスでは、資産形成において優先すべき選択は違ってきます。

結論から先に書きますが、会社勤めの人が考慮すべきポイントは次の2点です。会社員は現役での保障は手厚く、加えて将来に向けても相対的に充実した年金制度が用意されています。このことから意識すべきは、将来にお金を受け取る際の税金や社会保険料の負担を考慮すると、**過度に「年金」に偏らないこと**です。たとえば、多くの会社員であれば公的年金としての厚生年金とともに企業の退職金・年金制度があります。そこにさらに自らの選択で確定拠出年金、個人年金保険と「年金」と名の付くものばかりを積み上げるよりも、ＮＩＳＡを用いるほうが受け取り時の負担や使い勝手

図：会社勤めの人が考慮すべきポイント

- 年金に偏らないこと
- 保険は、運用ではなく
  保険会社にしかない機能を活かすこと

はよいのです。この点について、ＮＩＳＡによるつみたて投資とｉＤｅＣｏとの比較は第４章において、また、個人年金保険との比較は５章において行います。ここではその前提としての考え方を見ていきます。

また、年金の充実とともに、会社員は健康保険等が充実しているので、資産形成では民間の保険に過度にお金をかけすぎず、自ら行う資産形成の原資を確保し、保険に対しては運用ではなく**保険会社にしかできない保険機能を活用することも選択肢です**。たとえば、定期保険機能に加えて、運用も保険会社に任せる養老保険や、保険会社の器を使いながら運用を行う変額保険などよりも、保障したい保険機能だけを用いて定期保険に加入し、運用は切り分けて別に行うことです。この点については第５章、個人年金保険との比較において、保険による運用全般の話の中で触れていきます。

では、これらの話の前提となる、会社勤めにおける社会保険制度として代表的な公的年金と健康保険が、資産形成においてどのような影響を与えるのかについて見ていきましょう。

厚生年金保険のお話

最初に、会社員は年金が充実していることを確認したうえで、年金だけに偏ると将来の税金や健康保険料などの負担に影響することを確認します。

会社員は個人事業主とは違い、厚生年金保険に加入することになっています。そして、厚生年金保険の掛け金以外にも、雇用保険や健康保険などで結構な負担を強いられています。最近は、税金と社会保険料の負担だけで収入の半分近くに近づいており、江戸時代であれば一揆が起こったとされる五公五民ということで、ちょっとした話題になりました。これはたしかに大きな負担ですが、働くことで会社と個人が折半で厚生年金保険の保険料を支払うことにより、受け取り時には国民年金だけの個人事業主よりも、たくさんの年金を受け取ることができます。

もちろん、世の中はそれほど単純ではありません。給与水準や働き方が違えば、それを積み重ねてきた年金等の受け取り金額も大きく異なります。

また、厚生年金保険は保険と名前が付いているように、**保険の性格を有しています**。国民年金も保険という名前こそ付いていませんが、制度の基本的な仕組みは同じです。この保険機能のおかげで、現役時に不幸にも障害を負ってしまった場合には、障害年金を受給する対象になります。亡くなられた時にも遺族がいらっしゃる場合には、遺族年金の対象にもなります。

図：厚生年金と国民年金の比較

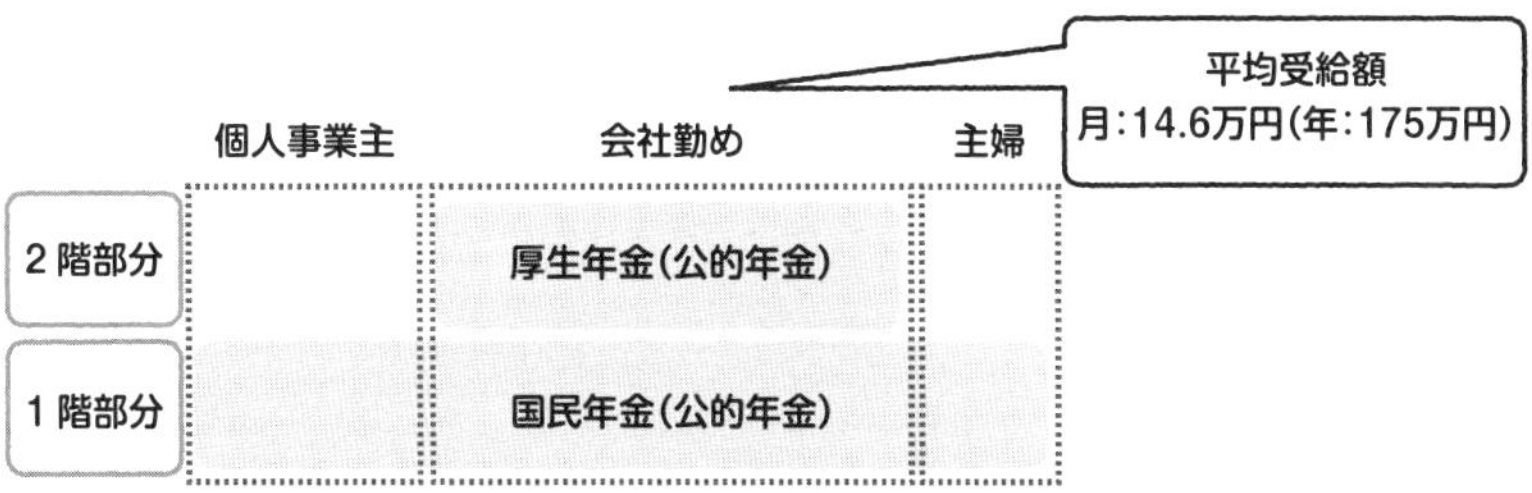

国民年金に加入しているだけでも障害年金や遺族年金を受けることはできますが、**厚生年金に加入している方が保障は手厚くなります**。たとえば障害年金を受け取れる対象として、国民年金であれば障害等級の対象として重い障害である2級以上でなければ給付を受け取れませんが、厚生年金であればより障害の程度が低い3級から対象になります。ただし、一日だけ会社に勤めればこれらの保障を受けられるというものではなく、対象となるには一定の条件がありますが、会社員として一定期間働いていれば、こういった各種の支援を受けることができます。

これらの保険機能以外でも、夫婦のご家庭で奥様が働いていなくて扶養の場合には、奥様は第三号被保険者として掛け金を払わなくても、国民年金の加入者として扱われます。国民年金の掛け金は、2023年では一人当たり月1万6000円弱なので、年間にすると約20万円に相当します。仮に夫婦がともに自営業とかフリーランスであれば、それぞれが自分の国民年金の掛け金を払わなければなりません。

福利厚生としての退職金・企業年金

会社員にはさらに、企業が福利厚生のために行ってくれる退職金・企業年金の制度があります。大企業のほぼすべて、中小企業の約7割は何らかの形で退職金等の制度があります。一口に退職金や企業年金といっても、企業が採用する形態によって色々な制度に基づいています。企業は従業員の福利厚生として、国が認める各種制度から自社の企業規模や体力に合ったものを採用していて、それが退職金や企業年金という形で従業員の皆さんに支給されるのです。これらの多くは企業だけがお金を出して積み立てているものですが、中には、企業と皆さんの給料の両方から一定部分を積み立てているものもあります。

退職金の水準ですが、厚生労働省の就労条件総合調査によると、定年まで働いた場合の大卒以上のケースでは、全体平均は約2200万円、従業員1000人以上では約2400万円、300人〜1000人未満では約2000万円となっています。

図：大企業、中堅・中小企業の退職一時金・企業年金の採用状況と平均退職金

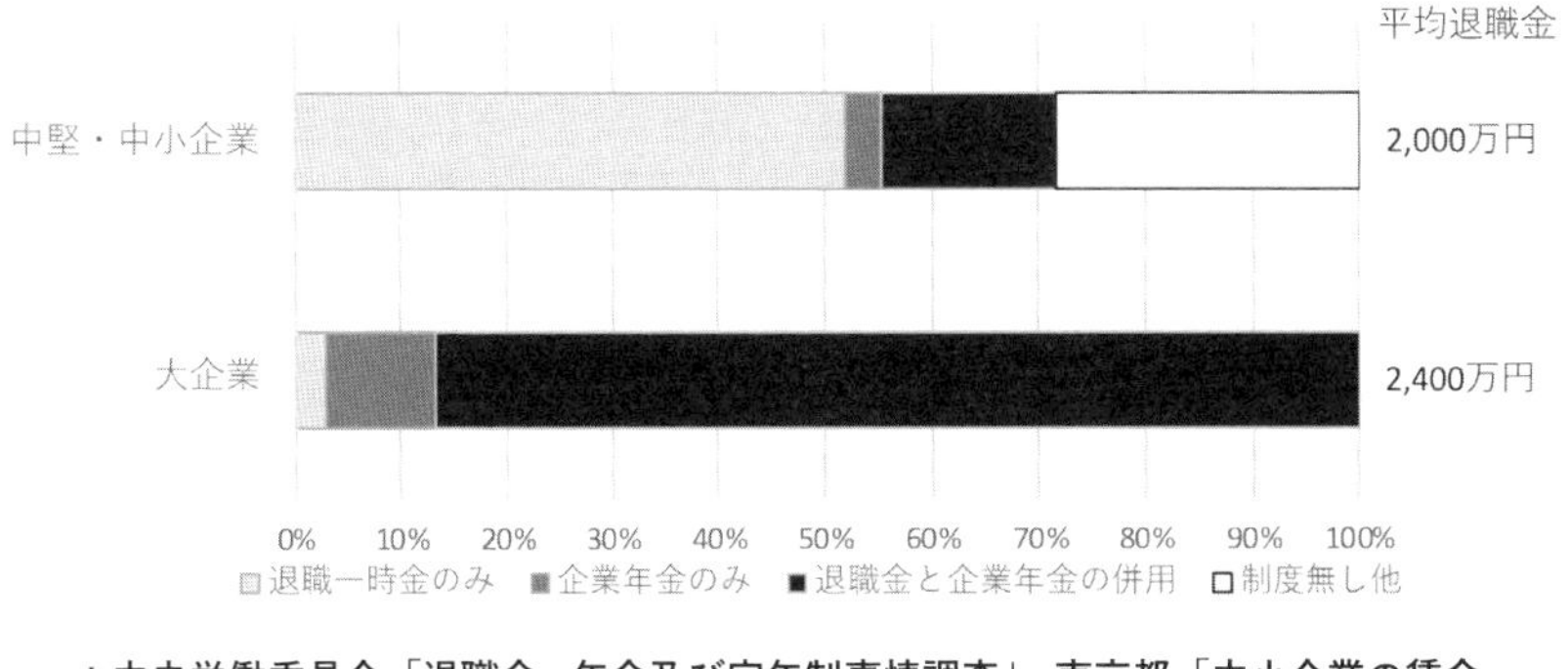

＊中央労働委員会「退職金、年金及び定年制事情調査」、東京都「中小企業の賃金・退職金事情」よりりそな年金研究所作成の「りそな企業年金ノート No. 660」、および厚生労働省HP資料より筆者作成

年金は受け取り時には収入とみなされて課税の対象になる

ここはかなり複雑なので、全体を理解してもらうために、前提を置いてざっくりと記していることをご容赦ください。たとえば会社員が定年退職して、65歳から厚生年金の平均的な受給額を受けたとしましょう。この場合、どれくらいの税金がかかるのでしょうか？　65歳以降に働いているか働いていないか、夫婦か独り身かなどさまざまな形態がありますが、ここでは最もシンプルに、定年まで働き続けている割合が高い男性を対象に厚生年金の平均受給額を用いて、独り身を前提に試算してみます。

令和3年の厚労省の数字によれば、男性の平均受給額は年間195・6万円（月々16・3万円）です。ここから公的年金等控除110万円と基礎控除48万円を差し引いた残りの37・6万円が、この人にとって所得税等の課税対象になります（実際には他の控除等があるケースもあるので、イメージのための試算と考えてください）。

図：年金の受け取りにおける課税負担

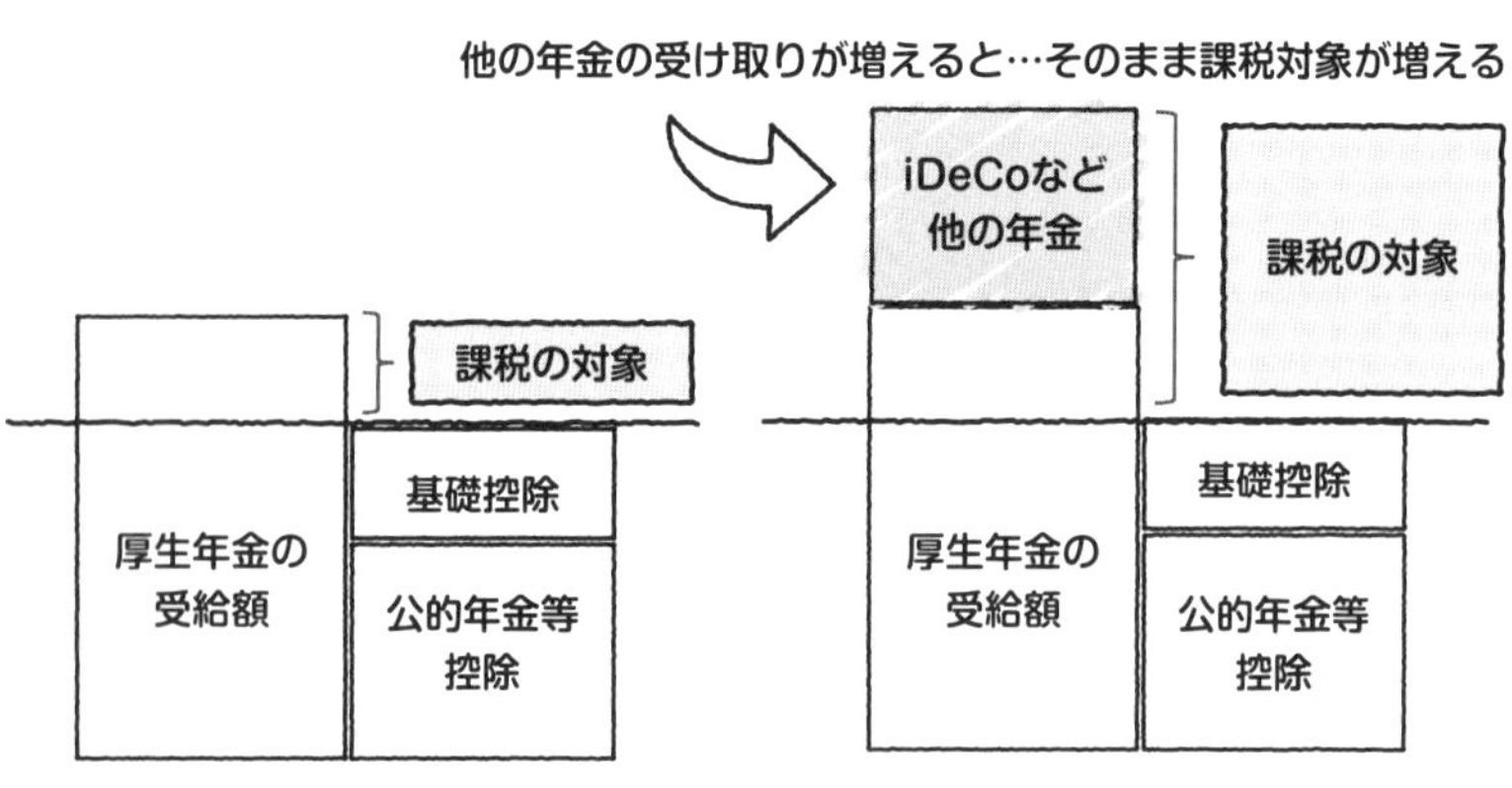

これ自体は大したことではありません。所得税5％、住民税10％としても5・6万円です。しかし、公的年金だけですでに控除枠を超えていますので、この公的年金に加えて受給する年金があれば上乗せになるため、すべてが税金の対象になり、少なくとも15％以上の税金が丸々かかります。従来型の企業年金やiDeCoも年金形式で受給すると、**収入とみなされて課税されます**。加えて、後段でお話しする社会保険料の負担も大きくかかってきます。**年金は満額を使えるものではないのです**。

これに対してNISAでつみたてたお金は、**お金を受け取る出口では、年金など他の収入と関係なく非課税扱いです**。NISAでつみたてをしておくことの安心感はここにもあります。

NISAの税制は年金と違うので組み合わせの相性がよくなる

まず、課税と非課税の関係を年金制度とNISAで比べてみましょう。それには掛け金をかける入口、運用する途中の期間、運用したお金を受け取る際の出口、この3つの時点においての扱いを考えることになります。

iDeCoを含め年金の制度は、掛け金をかける時は社会保険料として扱われるので、所得税や住民税の対象となる所得には含まれません。これがよく言われている利用の大きなメリットです。掛け金×税率を実質的に払わなくてよくなるので、**所得税率が高い**

人ほどメリットが大きくなります。

運用する期間においては、金利利息や株式の配当などの収益が得られますが、これにも運用期間中は税金がかからないので非課税です。そのため、これらのお金も再投資することによって複利効果が期待できます。これは期間が長いほど効力を発揮します。

しかし、最後にお金を受け取る際には、受け取り額そのものが**退職所得や雑所得として課税の対象**になります。もちろん、受け取り時にも年金制度特有の税制上の控除枠が用意されています。

ここで課税をTaxの頭文字を取って「T」、非課税をFree Taxの頭文字で「F」と表してみましょう。年金制度は「かけるとき（入口）・運用期間中・受ける時（出口）」はそれぞれに「F・F・T」（非課税・非課税・課税（ただし控除枠あり））と示すことができます。

これに対して、NISAでつみたての場合は「T・F・F」です。掛け金をかける時には、給料から所得税等を差し引かれ

図：年金のFFTとNISAのTFF

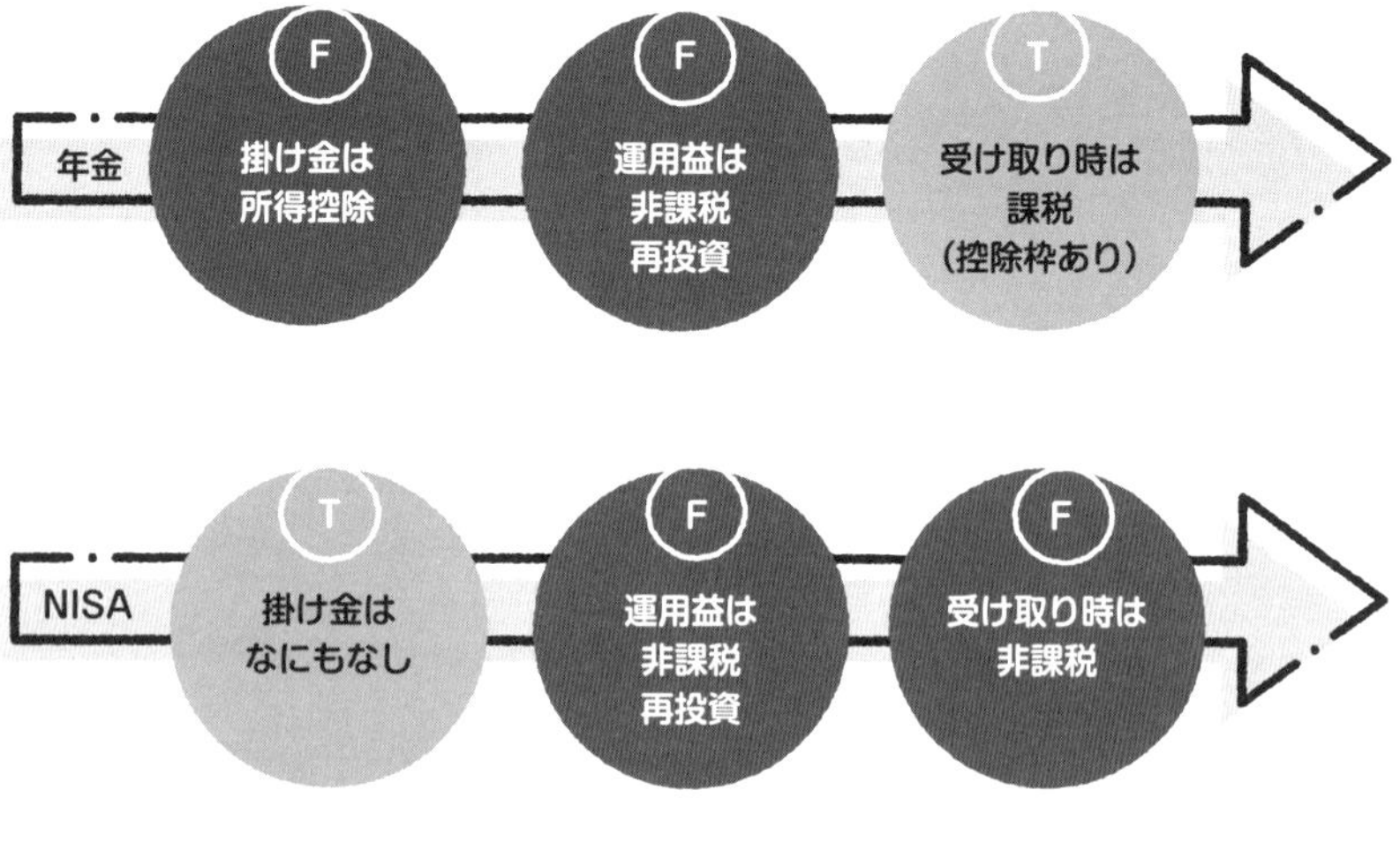

た、手取り額の中から積み立てるお金を捻出します。この段階では課税（より正確には、非課税的な扱いは受けない）になります。次に、運用期間中は年金と同じく運用益は非課税です。そして、**出口で受け取る際には他の所得の影響を全く受けることなく、どんな人でも非課税扱いです**。

このように、非課税と言っても年金とＮＩＳＡでは課税と非課税のタイミングなどが違います。そのため、どちらかに偏ることから生じる余計な課税などの負担を抑えることができます。これが相性がいい理由です。

コラム

公的年金等控除の金額ってどれくらい?

公的年金を受け取る場合には公的年金等控除が適用されます。公的年金等控除は「公的年金…」と名前が付いていますが、最後に「等」とあるように、私的な年金にも適用されます。従来の企業年金(確定給付型)やiDeCoなどの確定拠出年金もその対象です。そして、一般的に公的年金を受け取る65歳の前か後かによって控除の額が違います。

65歳までは年間60万円がベースとなり、受け取り額が130万円までに適用される控除枠は60万円のままです。その後は受け取り額が増えるにしたがって、控除額も徐々に増えていきます。これが65歳以降になると控除枠は年間110万円がベースとなり、受け取り額330万円までは110万円のままで、その後は増えていきます。

ベースとなる控除額(65歳までは60万円、65歳以降は110万円)を上回って受け取り金額が増えても、一定水準までは控除額は増えません(前者は受け取り額130万円まで、後者は330万円まで)。ということは、その間の金額はすべて雑所得として税金の対象となります。65歳以降であれば、年金の受け取り額が330万円を超えると再び控除枠は増えていきますが、330万円も年金がある人はそれほど多くはありませんよね。こういう背景から、ここでは控除額の枠内に抑えるかどうかで税金は大きく違うことを頭に留めておいてください。

図を見てください。65歳未満と65歳以上の各世代において最低控除額は違いますが、その控除額を超えると課税対象となる雑所得は、右肩上がりで伸びていきます。できるだけ控除額の枠内で受け取りたいことがお分かりいただけるはずです。

図：年金等の受け取り額（横軸）と控除後に雑所得とされる金額（縦軸）

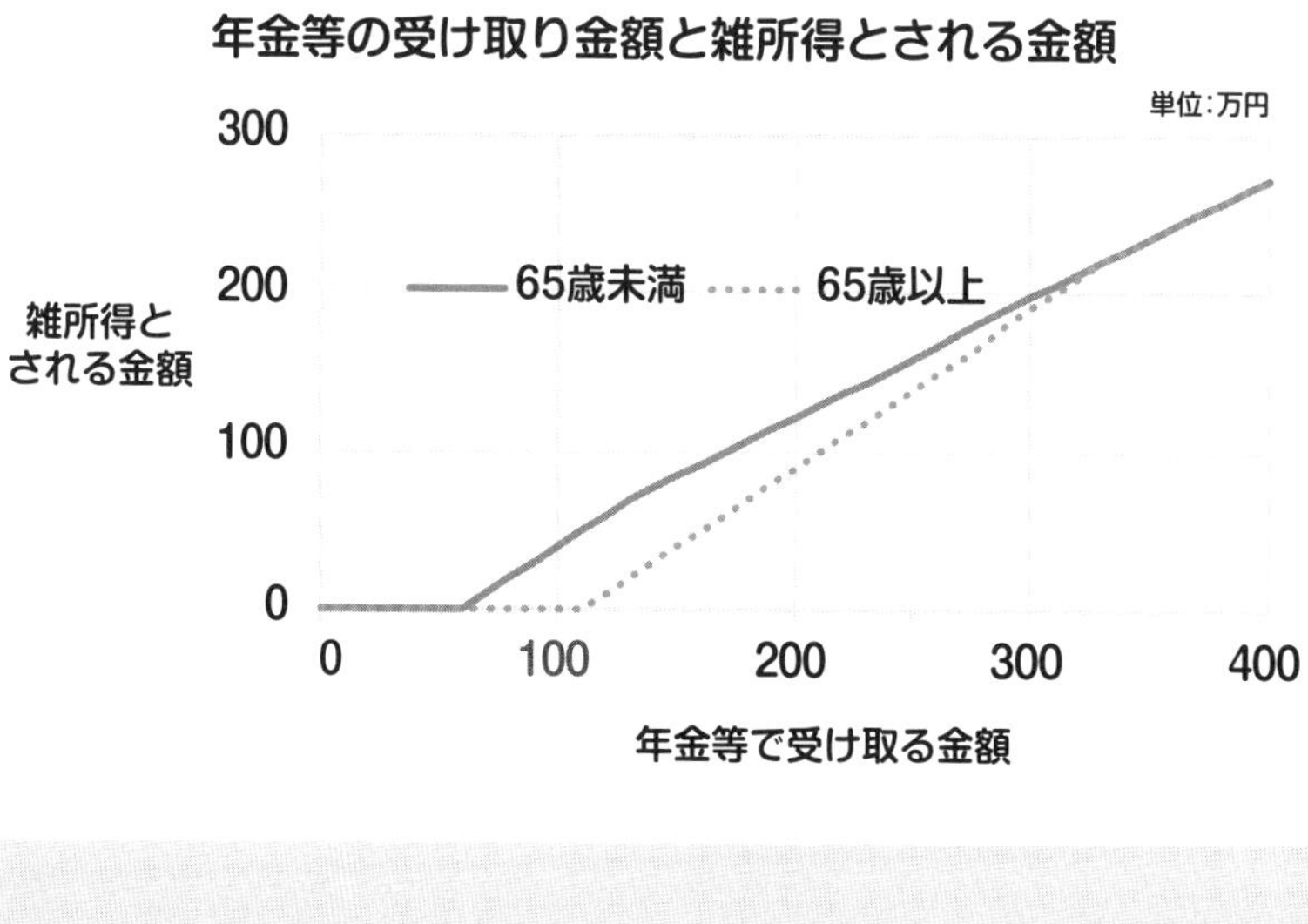

健康保険の違いと影響を知っておこう

厚生年金保険以外でも、会社員は大きな支えを受けています。健康保険への加入もその一つです。会社が払ってくれている部分もあるので、自己負担以上の保障等があります。これも、個人事業主の経験がなければ違いが分からないので、ピンとこない人が多いようです。

私たちは国民皆保険制度の下で、誰でも保険診療を受けられます。これは日本ならではの立派な制度ですが、逆に言えば、そのサービスを受けるために何らかの形で健康保険の運営組織に加入して、保険料をかけています。皆さんの中には、健康保険というと一律の組織があると思われる人も多いのですが、所属する会社や立場によって加入する組織は違い、それによって負担するお金や支援を受けられる内容、扶養の範囲も違ってくるのです。

会社勤めであれば、大企業の多くには健康保険組合があります。これは会社が社員のために用意してくれるもので、手術などの高額医療の際に数万円以上は健康保険組合が支払ってくれるなど、多くの手厚いサポートがあります。インフルエンザの予防接種でも補助が出たりします。社員の家族も対象とされるので、扶養されている家族全員がお世話になることができます。この健康保険組合は健康保険の中でも、最も手厚い組織です。ご自身が勤めている会社に健康保険組合があるかどうか、確認してみてください。これがあるということは、十分に福利厚生のよい会社に入っていると思っていただいて構いません。

ただし、最近は国の政策によって、運営が健全な健康保険組合から後期高齢者のためにお金を拠出するという改正がなされたことにより、多くの健康保険組合は赤字に陥っていて、解散するところもかなりの数に上っています。「取れるところから取る」という場当たり的な政策の典型と言われており、それが本当であればとても残念な話です。

健康保険組合がない場合、会社員はより広範な組織である、協会けんぽに加入することができます。これは主に中小企業のためのものでしたが、健康保険組合の解散により、その役割は高まっています。協会けんぽは都道府県によって微妙に保険料が違いますが、たとえば2022年の東京都では、自己負担は収入の5％強の掛け金になります。

一方で会社に勤めない立場であれば、国民健康保険（以下、「国民健保」）に加入することになります。この場合、各自治体に対して、所得に応じたお金を支払うことになります。国民健保の場合、負担はすべて自分なので、一般的には働いている時よりも高い保険料の負担割合になる

図：健康保険の負担

	会社勤め	年金生活
厚生年金保険	自己負担分　約9.2%	-
雇用保険	自己負担分　約0.5%	-
健康保険	自己負担分　約5%	約10%
介護保険	自己負担分　約0.8%	-
合計	約15.5%	約10%
負担の対象	給与等の所得から負担	年金等の所得から負担

ことが多いです。

　年金で生活している場合にも、所得水準によって減免等の制度はありますが、基本的には支払うことになります。この負担額は総所得に対して10％強が目安と大きなものです。実際には、自治体によってかなりの差があるので、ぜひ市町村のホームページで確認しておきたいものです。ちなみに私の住んでいる首都圏近郊の市では、２０２０年現在で総所得の10％程度です。

　社会保険料にも43万円の控除枠はありますが、それを超えた部分は対象とみなされます。保険料負担額には、世帯当たり約１００万円の上限が設けられていますが、普通の会社員では、この上限に達することはないでしょう。

　それに対してＮＩＳＡでつみたての場合、入り口では年金のようなお得感はありませんが、年金のように出口で収入とみなされて、**税金や社会保険料の対象になることもありません**。これは確定しています。国民健康保険の支払いなど、社会保険料の負担は今後さらに増えるかもしれません。これは誰にも分かりません。もしそうなれば、年金として受け取るお金はさらに負担が増えるかもしれませ

図：税金の時と同じく年金を受け取る場合の国民健康保険料の負担

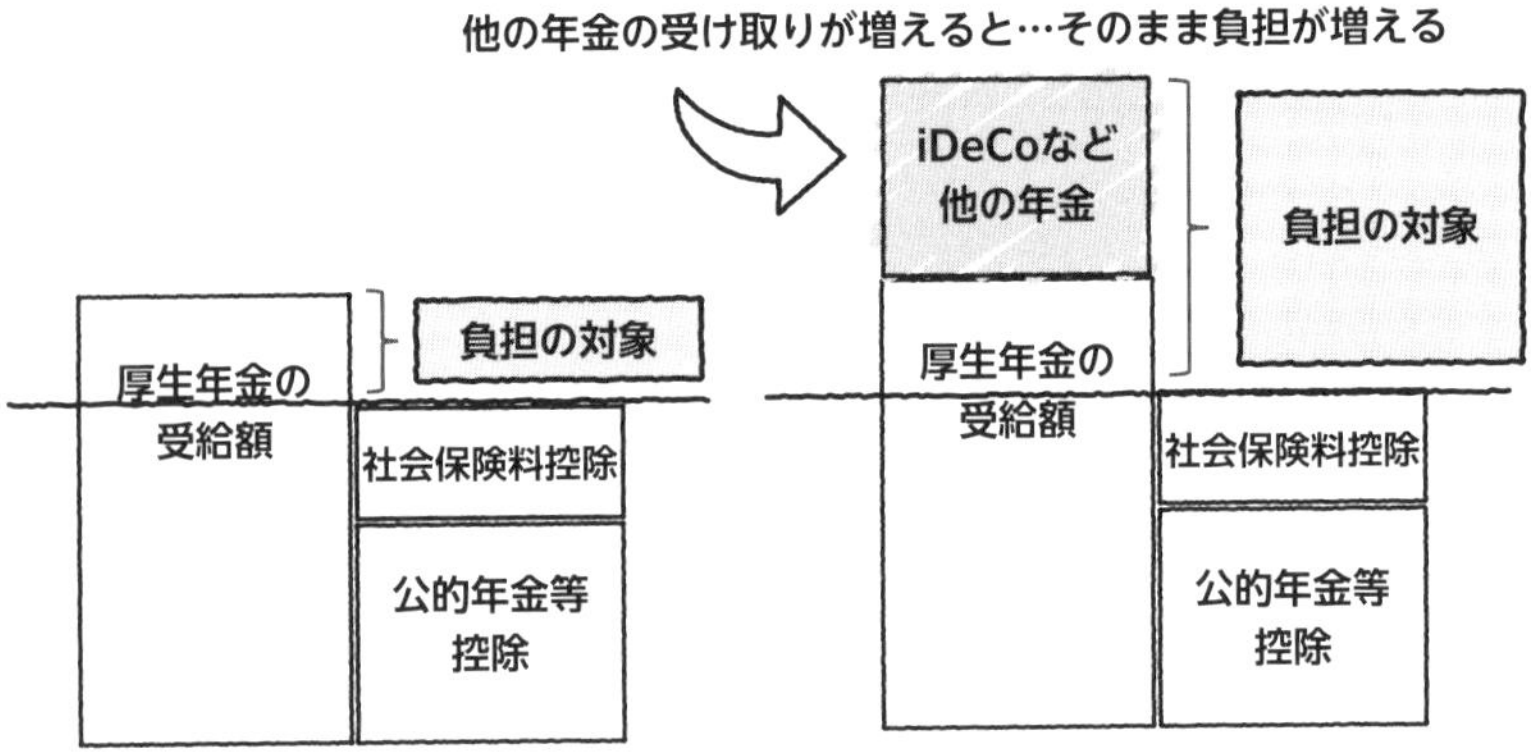

んが、**NISAによる受け取りは非課税と定められているので、どんな時でも安心してそのまま受け取れます。** ここは強調しておきたい点です。

この部分を入口から出口まで年金との比較で示しましょう。

入口

年金：掛け金は課税等の対象外

NISAつみたて投資枠：課税後の金額から掛け金：関係なし

途中

年金、NISAつみたて投資枠ともに非課税扱い

出口（受け取り）

年金：控除を超えた部分は税金、社会保険料の対象

NISAつみたて投資枠：非課税

年金だけに偏ると、公的年金、企業年金、私的年金と積み上がるにしたがって金額が大きくなり、控除枠を超えてしまう部分が増えてしまいます。そうであれば、受け取り時に税金面では非課税で社会保険料負担の対象にもならないNISAでつみたてを組み合わせることは、まさに資産形成における手段の分散なのです。

コラム

住む場所によって負担が違う国民健康保険

私たちは国民皆保険の制度のもとで、安心して医療や介護のサービスを受けることができます。そのために、働いていなくても国民健康保険に加入して、収入があれば保険料を支払わなければなりません。これは現役世代ではあまり意識する機会がないものです。そして、国民健康保険の保険料はかなり複雑な仕組みになっています。まず、世帯の支払いの上限は２０２３年では１０４万円と定められていますが、この上限はこれまでも引き上げられています。そして、この上限の範囲内で各市町村が定めることになっていて、住む場所によってかなりの格差があります。

その対象は、医療、支援、介護（40歳から64歳までの対象者がいる場合）があり、それぞれに保険料がかかります。保険料のかかり方も、所得金額（総所得から基礎控除43万円を差し引いた金額）に応じて課される所得割（総所得の10％など）と、人

表：私が住んでいる地域の令和５年度の国民健康保険料負担と、年金収入300万円（所得190万円）のケースの負担額（65歳以上、独身の場合）

			（万円）
医療給付費分	所得割率	6.86%	10.1
	均等割額	33,200円	3.3
後期高齢者支援金等分	所得割率	2.34%	3.4
	均等割額	12,300円	1.2
介護納付金分（40歳以上65歳未満の方）	所得割率	2.31%	−
	均等割額	13,600円	−
合計			18.0

数に応じて課される均等割（一人当たり1万円など）になり、また、市町村によっては、これに加えて世帯ごとや資産ごとに課される場合もあります。仮に無収入の場合には、所得割は課されないとしても、人数に応じて均等割はかかります（ただし減免措置も用意されています）。

負担が大きい市町村では、実際の収入に対する負担割合が15％程度のところもあるようです。

4 「NISAでつみたて」とiDeCo 軍配は「NISAでつみたて」

NISAでつみたてとiDeCo（個人型の確定拠出年金）は、老後に向けた資産形成の手段の代表格としてよく引き合いに出されます。両方とも税制面で優遇制度が適用されているので、利用するに越したことはありません。そのうえで両者の違いを確認し、会社員にとっての視点も交えて、どちらがどのようにいいのか一緒に考えてみましょう。

商品面 NISAつみたて投資枠は運用商品のみ、iDeCoは元本確保もあり

商品面で比較すると、NISAつみたて投資枠のほうが分かりやすさを強く打ち出しています。iDeCoでは、お金を回す商品の中には運用するための投資信託以外にも、保険商品や定期預金など、**元本確保型の商品**も用意されています。先ほどの話で言えば、

元本確保型の商品
元本確保型の商品とはその名のごとく、積み立てた元本が確保されるタイプをいう。元本割れの可能性がないというメリットがある一方で、低金利では資産を大きく増やすことは期待できない。

長期・積立の預金型と運用型の両方が用意されている格好です。iDeCoはあくまでも年金制度であり、運用だけを前提とした制度ではないからです。

それに対して、**NISAつみたて投資枠でお金を回す商品は投資信託のみに限定されています**。しかも、NISAつみたて投資枠は、運用による資産形成を支援するための制度なので、用意されているのは**長期投資目的の投資信託だけです**。

実際に、どういう商品にお金を回しているのかを比べると一目瞭然です。確定拠出年金の場合には、企業型、個人型ともに元本確保型の割合もかなり高いです。ほんの数年前までは半分以上が元本確保型でしたので、これでも以前よりは低下しています。

元本確保型の割合が高いことには理由があります。企業型は会社が用意してくれる年金です。そのため従業員が自ら進んで加入するものではないことから、商品を選ぶ際に「確実な元本確保型」を選んでおく誘因が働きます。その割

図：確定拠出年金における実際の商品別のお金の構成比（企業型と個人型）

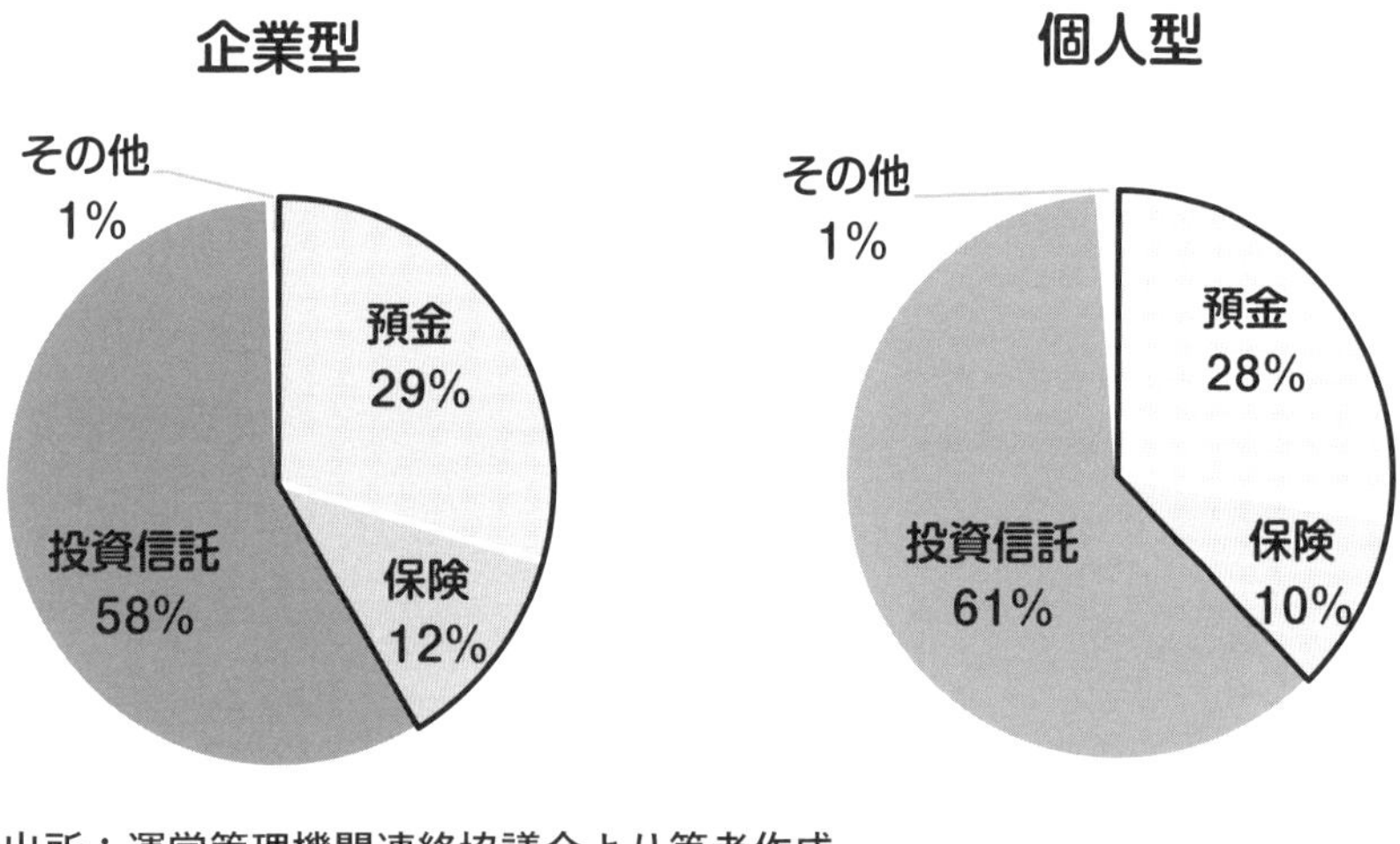

出所：運営管理機関連絡協議会より筆者作成

合が低下してきたのは、継続的に投資教育をすることが企業側に求められてきたことによる社員の知識向上に加え、自分の意志で商品を選ばない場合には、運用商品が選ばれるように促す動きが増えたことによるものです。

企業型年金を運営する側からすると、社員が元本確保型だけにしておくと、将来的に多くの年金を得ることができないので心配です。たとえば、従来型の年金であれば企業が母体となった年金基金が責任を持って年率2%程度で運用していたものを、制度を切り替えて確定拠出年金にした場合に社員が運用を選択しないと、**30年後に受け取る金額は30%程度の差が出ます**。こういう背景から、加入者である社員には運用を行ってもらいたいという企業側の想いがあります。

ただ、確定拠出年金における運用は、**加入者の自己責任**なので無理強いはできません。そのため、社員向けの投資教育を通じて動機づけをしています。企業に勤めている人、特に大企業に勤めている人は、会社の健康保険組合などとともに、企業年金も当たり前の福利厚生と受け止める向きもありますが、ありがたい制度なのです。

一方でiDeCoと呼ばれる個人型の場合は、自らの意志で金融機関を通じて申し込みを行います。そうであれば、申し込んだ時点で運用商品を選びそうなものですが、現実はそうなっていません。これは、iDeCo利用の勧誘や説明において、入口での税金面のメリットを強調していることが多いためと思われます。

加入者の自己責任
投資は基本的に自分の責任で行うものであり、投資判断を誤り損失を被ったとしてもそれは自分が負担することを投資の自己責任原則という。そのため、仮に確定拠出年金を運営している立場としてよいと思っても、最終判断は加入者になる。

ｉＤｅＣｏの掛け金は社会保険料として課税の対象から控除されるので、その分だけ所得税、住民税が減額されます。年間数万円にもなるこのメリットを得ようとしてｉＤｅＣｏに加入しているのであれば、掛け金は運用しなくても元本確保型においておけば目的は達せられます。そのため、ｉＤｅＣｏに加入してもわざわざ運用商品を選ばないケースが多いのです。

これに対して、ＮＩＳＡつみたて投資枠で選べるのは運用商品のみですから、必然的に**お金はほぼ100％運用に回されます**。しかも、運用において株式資産を含むこと、インデックス運用中心で分散投資が反映されたものであること、手数料は低いといった配慮がなされています。目的が明確で、その目的に適った運用商品が採用されている点がはっきりしています。

確定拠出年金においても長期投資に適している運用商品が採用されていますが、採用するのは、企業型であれば各企業の制度を運営している主体であり、個人型ｉＤｅＣｏでは申し込み先の金融機関が採用した商品から選ぶことになります。ここにはＮＩＳＡつみたて投資枠のような、明確で一律なコンセプトや採用基準はありません。

そもそも制度が違うのですから、ＮＩＳＡと確定拠出年金で採用されている運用商品に単純に優劣をつけられるものではありません。ただ、今のところはＮＩＳＡつみたて投資枠のほうが、**より長期の資産形成を目的とした運用商品としての採用基準が明確で**

す。

税制面 NISAつみたて投資枠は受け取り時に税金や社会保険料がかからない！ 超安心な強み！

ＮＩＳＡでのつみたてが、資産形成において取り上げられるべき最も重要な点は、運用面ではこれまでお話ししたように、長期投資にフォーカスしていること、それとともに前章で全体観としてお話ししたように、**受け取り時には税制面や社会保険料で対象外なので負担がないこと**、まさにこの点にあります。

ｉＤｅＣｏも年金なので受け取る際にその金額が収入として扱われ、課税対象になります。運用益が課税対象ではなく、**受け取る額すべてが収入とされる点がポイントです。**一時金で受け取ると退職所得となり、年金形式で受け取ると雑所得として、毎年の他の所得と合計されて課税されます。ここで考えるべきは、**ｉＤｅＣｏだけでなく、他の年金などの所得もあわせた時にどうなのかという点です。**

会社員は退職所得として、勤続20年間であれば一年につき40万円（20年間で８００万円）、20年間を超える部分では、一年につき70万円の退職所得控除が適用されます（これも控除枠を減らす見直し議論が出てきているようです）。

たとえば30年間だと1500万円（20年間×40万円＋10年間×70万円）になります。この控除を差し引いたうえで、さらに2分の1にした金額が退職所得として所得税と同じ料率テーブルで課税されます。この部分はかなりの優遇税制なのですが、企業の年金がある場合には、退職所得として一時金で受け取るとそれだけで控除枠の多くは使ってしまうので、**iDeCoの受け取り部分は控除枠をはみ出て課税される可能性があります**。

ちなみに、退職所得として受け取るものは、国民年金保険等の社会保険料の対象にはならないので、退職所得での受け取りは有効に活用したいものです。

一方、年金形式で毎年に受け取る場合は雑所得の扱いとなり、前章で見たように、他の所得と合算されて所得税、住民税とともに社会保険料の対象にもなります。これは仮に所得税を控えめに5％と見積もっても、住民税10％、社会保険料10％とすると合計約25％の負担です。多くの人は掛け金をかける時には気にしていませんが、**色々な年金を受け取る人ほど、控除枠や受け取り時期を上手に使ったほうがいいのです**。

入口の掛け金ではメリットを受けていても、出口において年金形式で受け取る場合には、税金と社会保険料でそれ以上の負担を支払うことだってあり得ます。皮肉なものですが、途中の運用期間で大きくお金が増えるほど、出口では負担額が増える計算になります。このように、**最後の受け取り方は出口戦略と呼んでもいいくらい大切なポイント**

なのです。

これに対してＮＩＳＡの場合には、出口での受け取りは非課税なので、こういった心配はありません。逆に言えば、他の受け取りとの兼ね合いで調整弁として柔軟に使うことができるのがＮＩＳＡです。**年金が手厚い会社員ほど、ＮＩＳＡつみたて投資枠は手放せないアイテムなのです。**これは公務員の方々でも同じです。

コラム

従来の企業年金、企業型と個人型・確定拠出年金の利用可能額

重要なポイントなのでもう少し踏み込んでおきます。会社員の場合は、すでに従来型の企業年金か企業型の確定拠出年金、もしくはその両方に加入している人も結構います。さらに確定拠出年金法の改正により、2024年12月からは企業型の確定拠出年金に加入している人も、一定の条件下であれば個人型のiDeCoにも加入できるようになるなど、一体化とも呼べる制度の見直しが進められています。これにより、iDeCoを利用できる人がさらに増えます。

本書は制度の説明はしないことを冒頭にお話ししましたが、関心が多いと思われる点なので、会社勤めの人において、2024年12月からどの年金をどれくらい利用できるようになるのか、お示しします。これにより、自分はとりあえずiDeCoに入っておくべきか、それともNISAを充実させるのかのイメージができるからです。複雑なのでパターン分けをしながら説明します。

対象は、①従来型の（確定給付型）企業年金DB、②確定拠出年金の企業型DC、③同じく確定拠出年金の個人型DC（iDeCo）の3つです。

まず、①確定給付型の企業年金DB、②確定拠出年金としての企業型DCのいずれか一方、もしくは両方がある場合には、全体として月々5万5000円まで利用可能です。

その中で、iDeCoは2万円を上限として、合計が5万5000円を超えない範囲であれば

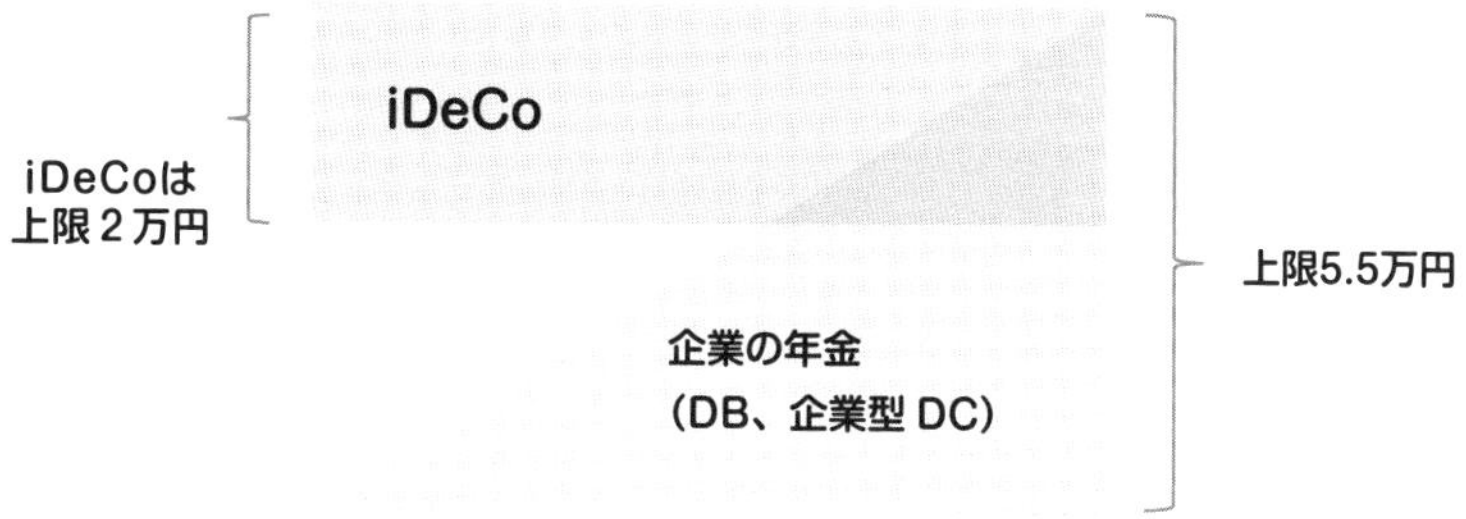

出所：厚生労働省　第18回　社会保障審議会企業年金・個人年金部会
より筆者作成

利用できます。

次に、上記以外のケースとして、①確定給付型の企業年金DB、②確定拠出年金の企業型DCのいずれでもない場合は、個人型（iDeCo）に月々2万3000円を上限に利用できます。

では、自分はiDeCoに入っておくべきか、それともNISAを充実させるのかを考えてみましょう。もし、企業の年金制度を全く利用できていないのであれば、厚生年金保険に加えて個人型の確定拠出年金iDeCoの活用もよいでしょう。そうではなくて、すでに会社を通じて何らかの年金（従来型の企業年金DB、確定拠出年金の企業型DC）に加入しているのであれば、年金ばかりを充実させないで、NISAによるつみたてを用いてバランスを取ることがよいでしょう。

これは公的年金も含め、すでにしっかりとした年金制度が備わっているからこそ考えられる視点であり、個人事業主やフリーランスにはないものです。個人事業主は基本的に国民年金のみで、厚生年金保険の部分はありません。企業がかけてくれる従来型の年金や企業型の確定拠出年金もありません。それであれば、**自分で年金を充実させるのが大切な手立てになってきます**。その場合には、従来からある国民年金基金やiDeCoを積極的に利用する余地があります。しかし、そういった**制度が充実している会社員は年金制度だけでなく、NISAによるつみたてを用いることで制度の分散が図れるのです。**

費用面 iDeCoは制度上の費用がかかる。NISAは相対的に低い

実際にお金を他人に預けるとか運用してもらうために託す場合には、iDeCoやNISAでなくても、何らかの形で金融商品やサービスを通じて行うことになり、そこには手数料がかかります。それが銀行預金の場合には、私たち預金者は貸出金利よりも低い預金金利でお金を預けることにより、その金利差を実質的な手数料として銀行に支払っています。投資信託を通じて運用する時も保険商品でも手数料等がかかりますが、表面上の手数料として示されているのか、商品の中に含まれているのかによって見え方が違うだけです。

その中で、**時間の経過とともに昔と比べて手数料が大きく下がったのは、投資信託です**。昔はかなり高かったのですが、手数料を分かりやすい形で開示するルールが定められ、ネットなどで比較されることにより競争原理が働き、現在では私から見ても「こんなに低くていいの?」と思うくらい低い水準にあります。ですから、**投資信託を選ぶ際に昔ほど手数料に躍起にならなくてもよい商品が並んでいます**。

その中でも、NISAつみたて投資枠では利用できる投資信託の条件により、買い付け手数料ゼロ、運用期間中にかかる手数料もタイプごとに上限が定められていて、より

安心できるのはすでにお話しした通りです。ｉＤｅＣｏに採用されている投資信託も騒ぐほどではありません。企業型であれば各運営機関、個人型ｉＤｅＣｏは金融機関が投資信託を採用しますが、長期投資を前提にした制度で運営側も加入者のことを第一に考えているので、過度に手数料が高い商品は採用していないはずです。このように考えると、商品の手数料水準ではＮＩＳＡのほうが基準は明確であることによる安心感が際立っていますが、そこまで大きく取り上げるような問題点ではありません。

他方、**制度における費用負担には違いがあります**。確定拠出年金の企業型は企業が負担を受け持つ部分もあるので一概には言えないのですが、個人型ｉＤｅＣｏには制度上、加入者である個人が負担する費用があります。

２０２３年時点では、制度に加入している限り口座管理手数料として、年間約２０００円かかります。そして、お金を受け取る際にも年金形式で受け取る場合には、一回の受け取りに関して給付事務手数料として４４０円かかります。大きな金額で利用するのであれば、手数料の影響は相対的に小さくなるのですが、掛け

図：利用可能年齢（iDeCo と NISA の比較）、主なライフイベント

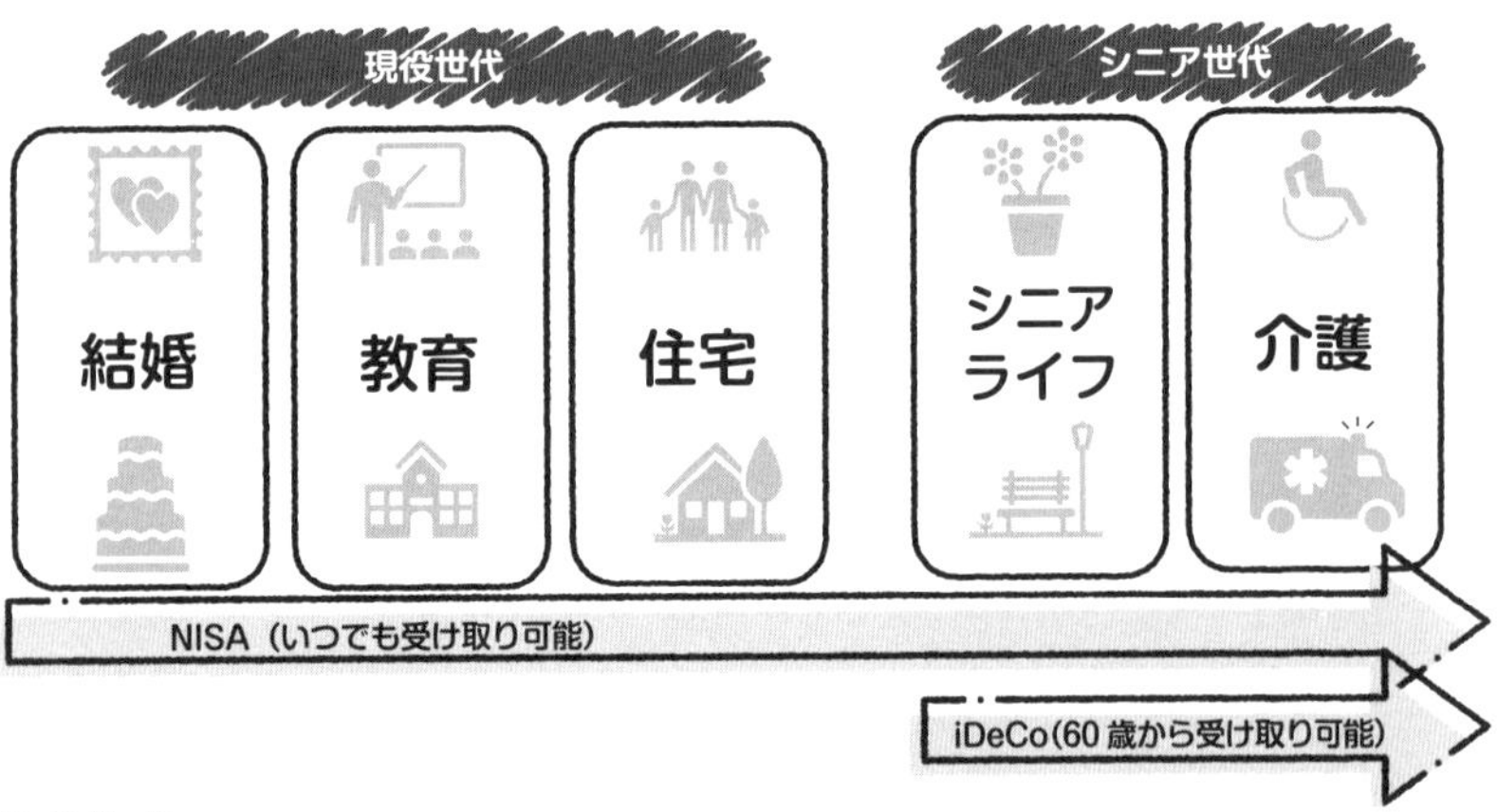

筆者作成

金が少ないとか、受け取る際にこまめに受け取るほど、手数料がかかる計算になります。

たとえば、積立期間として20年間、受け取り期間として15年間、口座を維持したとしましょう。そして、受け取りに際しては、公的年金の受け取りがない奇数月の隔月に年6回、受け取ることにしましょう。このケースでは**トータル約11万円の費用**がかかる計算になります。

上記以外にも、加入時や還付金が生じた場合の事務手数料として、一時的にですが、それぞれ数千円程度かかります。

それに対して、**NISAでは制度に関する手数料等は基本的にかかりません**。解約する場合や受け取る場合にも、細かい費用はほとんどかかりません。この点も無視できないものです。投資信託などの運用商品にかかる費用ではなく、制度面としてかかる費用という点で比較すれば、NISAに軍配をあげてもいいでしょう。

トータル約11万円の費用
口座管理手数料2000円×35年間＝7万円。給付事務手数料440円×年間6回×15年間＝約4万円。7万円＋4万円＝11万円の計算になる。

利用時期　だれでも、いつでも、いつまでも続けられる。そして必要な時には換金できる

次に、利用面におけるNISAとiDeCoの違いについて、利用可能年齢や引き出しの可否について見ていきましょう。**NISAは18歳以上であれば何歳になっても使え**

ます。20歳でも70歳でも同じ条件で利用可能です。これは非常にシンプルで分かりやすいものです。確定拠出年金もそれほど難解ではありませんが、さすがにこれには勝てません。

利用可能年齢としては、確定拠出年金も掛け金をかける年齢上限が以前は60歳だったものが、2024年以降は一定の条件のもとで引き上げられます。会社員でいえば、60歳以降でも働き続けて、厚生年金保険に加入している期間はかけ続けることができるようになります。また、受け取り開始時期も60歳から70歳の間に開始するものでしたが、その年齢上限が75歳まで引き上げられます。

しかし、こういった制度面の改善はあっても、お金を手元に戻して使うことは原則60歳まではできません。手元にあればお金を使ってしまうという人間の弱さに打ち勝つ強制力がiDeCoのメリットとの意見もあります。それに対して**NISAの便利なところは、途中で換金してお金を利用できる点です**。

年金に偏ると、こういったことはできません。人生には現役世代でも教育費や住宅購入費などのライフイベントが待ち受けています。また、想定外の出来事による費用がかかることもあるでしょう。そういうことへの対処手段という意味でも、**いつでも現金化して使えるNISAを用いておくことです**。

コラム

企業年金の多くは有期の年金

私は55歳を過ぎていますが、つみたてNISAの制度ができてから同制度を利用しています。そして今後もNISAつみたて投資枠を利用し続けるつもりです。

つみたてNISA制度では、非課税の運用期間は20年間と定められていたので、その時に運用したものを、何歳で受け取ることになるのかをイメージしながらかけていました。今年の積立分を仮に20年後に受け取るとすると、77歳頃のイメージです。頑張って65歳までかけ続けて、それを20年後に受け取るとすれば、85歳まで毎年に受け取るイメージです。自分の中では、出口で課税関係をあれこれ悩まないでいい年金がもう一本増えた感じで考えています。

NISAつみたて投資枠は無期限なので、お金を受け取る出口までを考えると色々な利用法がありますが、

図：つみたてNISAを年金として利用するイメージ

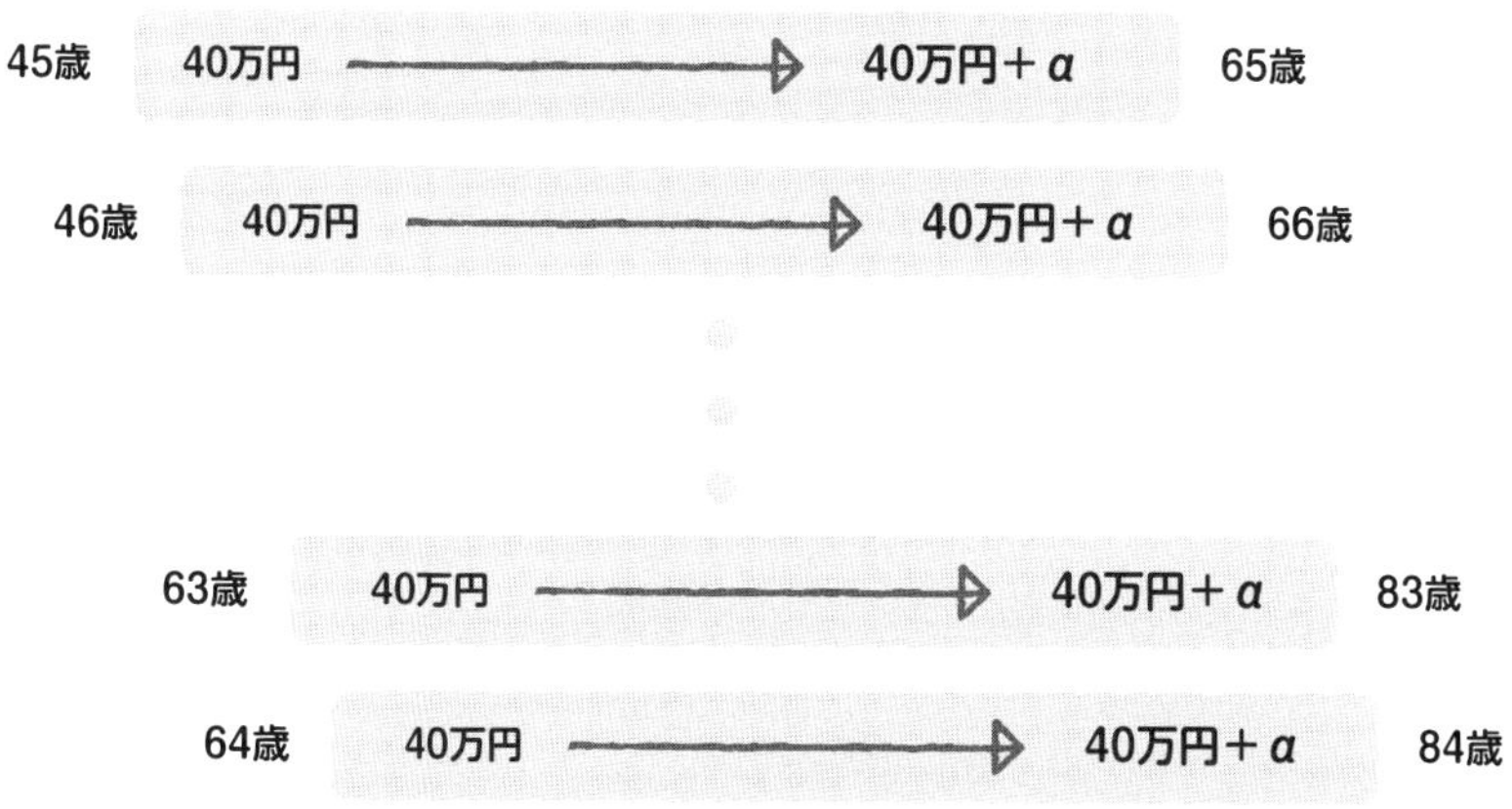

図はその一例です。NISA成長投資枠との利用も考えるとさらに増えそうです。

ちなみに、従来型の企業年金（確定給付型）は**企業と従業員で取り決める制度なので終身で受け取ることもできますが、最長20年の有期年金とされているところが多いです。**実際の期間は企業によって定められていますが、年金なので極端に短いことはなく、多くの場合には15年間か20年間の受け取りになります。60歳から受け取ると、15年であれば75歳、20年としても80歳までで終わります。

iDeCo（個人型）の確定拠出年金も、年金形式で受け取る場合には受け取りを開始してから5年以上20年以下の有期年金になります（一部に、終身も可能です）。その中で自分が受け取る期間を決めます。受け取り開始を最も遅い75歳からにすれば、最長で95歳の年齢まで受け取ることになりますが、60歳から受け取るとか受け取り期間を短くすると早めに終了することもあります。

それに対して、**NISAでのつみたては無期です。すべて自由**

図：iDeCoの受け取る年齢（年金形式の場合）

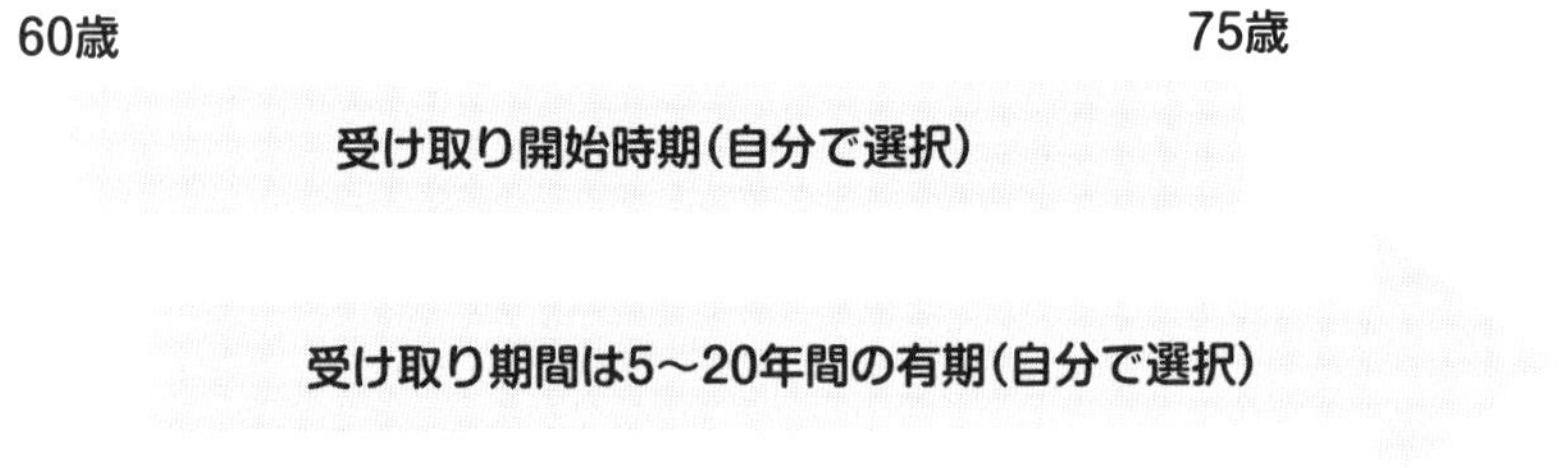

※ 受け取りを開始したら、途中で期間の変更などできない

です。あまりに自由すぎて、逆に蓄えたものを使いにくいなどの弊害が生じる可能性すらあります。そのため、お金の出口を上手に作ってあげる必要がありますが、いつまでも利用し続けられる制度です。その意味でも、NISAでの受け取りを少しでも用意しておくことは安心感にもつながります。

金融機関選び

NISAつみたて投資枠は金融機関の違いによる本質的な影響は小さい

確定拠出年金は、企業型の場合には企業が費用を負担してくれますが、個人型iDeCoの場合には、自分が費用を負担する必要があります。この費用には、制度の運営にかかるコストとして、どの金融機関を利用しても一律にかかる費用と、金融機関ごとに設けている管理等の費用があります。金融機関ごとにかかる部分は各社によって費用水準が異なるため、金融機関を選ぶ際のポイントになりますが、最近は無料とするところが増えてきました。

その点に関して、NISAでは制度の運営に関する費用はそれほどかかりません。金融機関にとって非課税扱いのための管理は必要ですが、年金制度に関する運営負担はないためです。その点では、各金融機関を費用面で比較して選ぶ必要性はiDeCoほど高くありません。

それ以外の違いとして、**NISAつみたて投資枠の場合には、金融機関毎に採用されている投資信託の数、積立頻度、最低積立金額があります**。これらについても、ネット上では金融機関ごとにこれらの比較がされています。普通に考えると、利便性が高いほうをおすすめされるかもしれません。たくさんの投資信託が採用されていて選択肢が多い、積立の頻度が月に一回の指定した日よりも、こまめに何回にも分けることができる、最低積立金額が1万円単位よりも100円単位のほうが使いやすい、このように思ってしまいます。もちろんそれは間違いではないのですが、よく考えてみると、実はそこまでこだわる必要はないことが分かります。

積立頻度については、長期で投資をすることを前提にしているのであれば、月に1回の積立頻度でも十分です。それをあえて月に5回に分けて行うことにこだわるメリットや必要性は大きくないでしょう。長い目で見れば、その違いは小さなものです。最低積立金額も同様です。100円から積立できるのであれば、ほんの少額からでも始められるので、顧客にとっては嬉しいかもしれません。ただし、資産形成のためであればそれなりの金額、たとえば1万円単位にしたいものです。**少額で積み立てることは資産形成にはならないからです**。100円を月に10回、それを20年間続けても24万円となり、金額的には大きくありません。

これは、おつりなどの小銭やポイントを自動的に積み立てる仕掛けを否定しているものではありません。少額をコツコツと積み立てる狙いは、「ちりも積もれば山となる」アプローチなので、その目的には適っています。しかし、NISAはそういうことを主眼にした制度ではなく、**非課税による長期投資で将来のための資産形成を行うことをうたったものです**。それであれば、その目的に適った大きさの金額で取り組みたいということです。

　サービスの充実さを無理矢理に否定するつもりはありませんが、ＮＩＳＡでつみたてを行う場合には、過度な利便性が必ずしも求められるわけではないので、こういった点にこだわりすぎる必要はないです。ネット証券は利便性を備えているのでその優位性をアピールするでしょうけれど、私たち利用者も賢くなりましょう。

　ただし、金融機関によっては運用商品である投資信託の採用数がかなり少ないケースも稀にあります。そういった中でも、後ほどご説明するスタンダードなインデックス運用の商品は含まれているはずですが、念のためご確認されるとよいでしょう。

5 「NISAでつみたて」と個人年金保険の違い

第1部の最後に、個人年金保険との違いを見ていきます。これまで見てきた公的な厚生年金保険、企業が運営するとか個人で加入する確定拠出年金はいずれも、年金制度の上で運営されているものでした。それに対して、この章でお話しする個人年金保険は、保険会社との契約による商品です。そのため、個々の商品は保険会社によって違ってきます。

この個人年金保険は老後に向けた資産形成手段として広く利用されており、大切な機能を担っています。ここでは、NISAで資産形成する場合との違いを確認していきます。

個人年金保険と比較する際のポイントは3つ

資産形成の手段として、国や会社ではなく自分自身が行うものとして、前章で見たiDeCoなどの確定拠出年金とともに個人年金保険があります。私たちにとっては個人年金と呼ぶことが多いですよね。これは主に生命保険会社が提供する年金型商品の総称で、保険会社との契約によって成り立つ金融商品です。そのため公的な年金制度ではありません。個人年金保険の契約数は2022年時点で約2039万契約（うち、定額保険は1845万契約）もあります。国が行う「公的」年金に対して、「個人」のための年金のイメージを持たれている人も多く、これはネーミングの勝利とも言われています。

このように、公的な年金のほかに自分で行える年金として個人年金保険が筆頭にあるイメージをお持ちの人も大勢いるようですが、私的年金の筆頭といえばやはり、確定拠出年金です。個人年金保険は所得税や住民税において一定の所得控除がありますが、**掛け金がすべて所得控除となる確定拠出年金よりも控除額は限定的であり、個人年金保険は民間の保険会社が提供する資産形成の一選択肢と見ておくべきです。**ここは勘違いしやすい点なので、しっかりと押さえておきましょう。

そして、NISAでつみたてと個人年金保険を比較する場合は次の3点がポイントになります。**1点目**は、保険会社に運用を託す場合、彼らの経費がかかるので必然的にコスト高となるため、可能であれば**自分で運用を行ったほうがよいです**。

2点目として、個人年金保険は契約時点で基本となる金利をベースに将来の受け取り額を見込むので、今のような低金利では見込み額が低くなります。そして、長期にわたる固定金利のためインフレへの対処は弱くなります。これに対して、運用成果によって受け取り額が変わってくる変額型がありますが、その基本は個人年金保険の器に投資信託や債券などをくるんでいるものです。それであれば、**自分で投資信託を通じて運用することも考えたいです**。

3点目として、厚生年金保険や確定拠出年金ほどではありませんが、お金を受け取る局面で、個人年金保険は課税や社会保険料の対象となるため、**会社員であればNISAを充実させておいたほうがよいと考えられます**。この3点目は第4章においてiDeCoとの比較でお話ししたものと同様の考え方です。では、これらについて見ていきましょう。

コラム

私たちにとって運用はリスク？

個人が将来に備えるためには、長い目で見たリスクを考えないといけません。具体的には、今お話ししたインフレによってお金が目減りするとか、長生きによってお金がかかるとか、公的年金や社会保障が今よりも厳しくなる可能性などがそれに当たります。こういったことこそ、私たちが生きていくうえでのリスクであり、それらへの備えのために、長く働けるように努めて収入を増やすとか運用することによって補う必要があるのです。

一方で、私たちがお金の運用においてリスクと聞くと、「運用している対象の価格が下がる」といった、価格変動における短期的でネガティブなことを思い浮かべます。もちろんそれもリスクに当たります。投資におけるリスクとしては、投資対象に関する価格変動や現金化のしやすさに関する流動性などがあります。

このように、そもそもリスクとは嫌な言葉ですし、単にリスクというとかなり広い物事を含む概念になります。

ここで私たちが意識すべきことは、「人生のリスク」に対する備えなのです。投資対象の価格変動などのリスクは、投資対象としての価値があるものに長期・分散投資を行うことによって制御できます。つまり、**理に適った運用を行うことは、人生におけるリスクへの備えになります**。私たちは

「投資＝価格変動リスク」という目線から、人生のリスクへの備えに視野を広げることが大切です。投資教育の重要性はこのような点にも表れてきます。

運用してもらうか自分で運用するか？

お金の運用に限らず何事もそうですが、他者に託すのか自分で行うのか、どちらがコストを抑えられて収益をあげられるかといえば、**自分で行うことです**。アパート経営でも不動産会社にすべてを任せると、ほとんど収益は残りません。一般的に、投資による収益は数％程度しかありませんが、この利ザヤの多くが不動産会社に支払う費用として消えていくからです。さらに、不動産を管理してくれるだけでなく、不動産会社が入居者を探してくれるとか、家賃保証をしてくれるとしたらどうでしょう？　お願いする側からすると安心感は高まります。しかし、それは保険料を支払っているようなもので、その分だけ自分が確実に得られる収益は減ります。もちろん、自分ではできないこと、たとえば免許や知識がないので任せたほうがよいとか、自分の時間を使うよりも任せたほうが効率的などの観点からプロに任せたほうがよいものもありますが、**できることは自分ですべきです**。

これは運用でも同じです。個人年金保険は保険会社に運用を任せるものであり、かつ、将来に受け取るお金を今の価値で保証してくれるものです。経済の理屈として、**自分でなく他者に任せ、さらにその価値を保証してもらうには、そうしてくれる相手に相応の支払いをしなければなりません**。保険会社の人件費や会社の運営費は保険料の中から支払われているわけですから、保険料の一定割合はそれらに充てられています。

では、これらは自分で行えるのかどうかがポイントになります。自分ではできないことであれば致し方ないでしょう。一方で、自分でできるのであれば、その部分を自分で行えば、より低いコストで済むため、最終的にはより多くの収益が得られるはずです。

この点についての答えは、昔は「ノー」でしたが、今は「**イエス**」のほうに近づいています。自分で運用する選択肢が広がったのは、投資信託や株式の運用に関する**サービス向上**と**コストの低下**によるものです。私が若い頃、数十年前においては投資信託を通じて米国株式に投資するには、年間数%単位の費用がかかりました。個別企業の株式に投資をしようとしても買い付け手数料は数%かかり、しかも、当時は一取引単位が大きかったため、数十万円とか百万円単位でなければ購入できませんでした。先進国ですらこの有様ですから、個人では新興国の多くには投資すらできませんでした。

それに対して現在では、債券や株式に投資をする際の手数料は、手数料自由化による競争の恩恵により、信じられないくらいに低くなりました。

図：どちらを選ぶ？

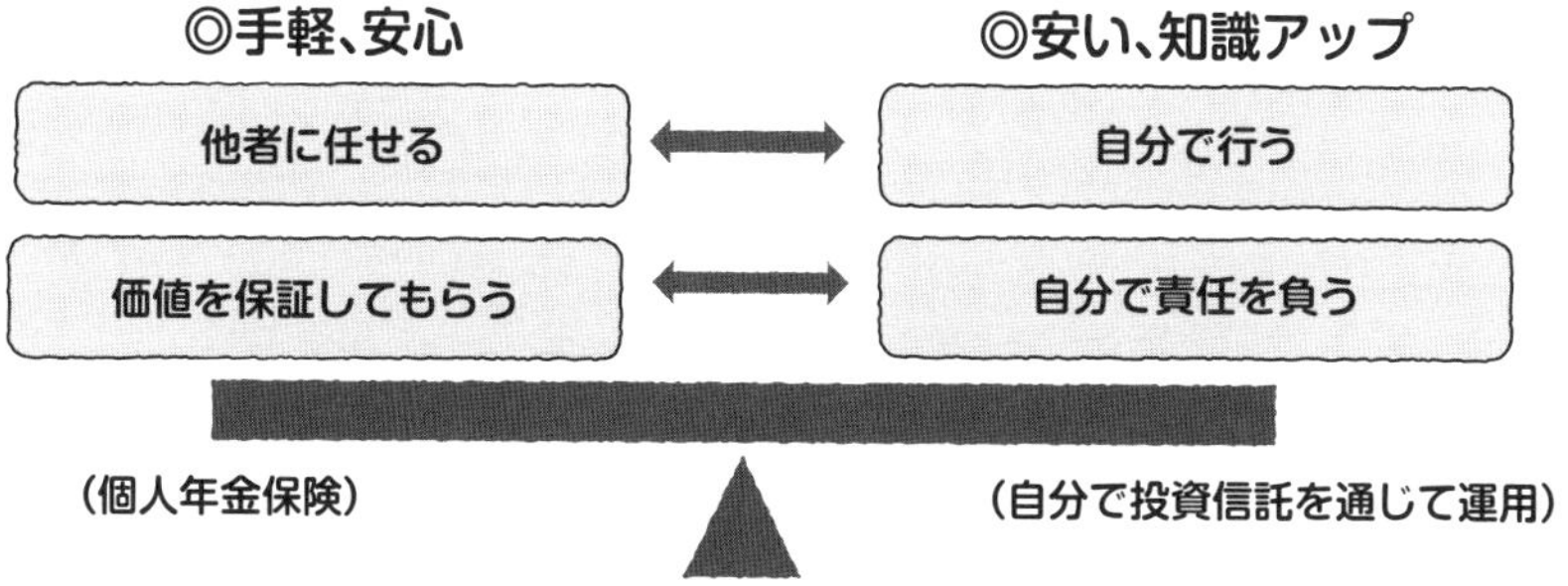

そのおかげもあり、投資信託を用いれば、わずかな費用で多くの国・地域に投資できるようになりました。投資信託は透明性が高く競争で磨かれてきた恩恵として、**私たちは自由度高く運用できるようになったのです。**

このように、昔は自分で運用するためには多くの費用がかかり、また、運用できない対象もたくさんありました。そういった中、多くのお金を集めて運用する生命保険会社のような機関投資家は、そのスケールメリットや専門性を活かすことができたので、個人とは大きな差がありました。そのため、自分で運用するよりも保険会社に運用を任せることが多かったのです。しかし、今は多くのケースで自分でも運用できるようになりました。

そもそも保険会社の運用とは?

では、保険会社はどのような運用をしているのでしょう?運用を専門に行っている部署が組織として行うことを、個人

図:保険会社の資産運用状況のイメージ

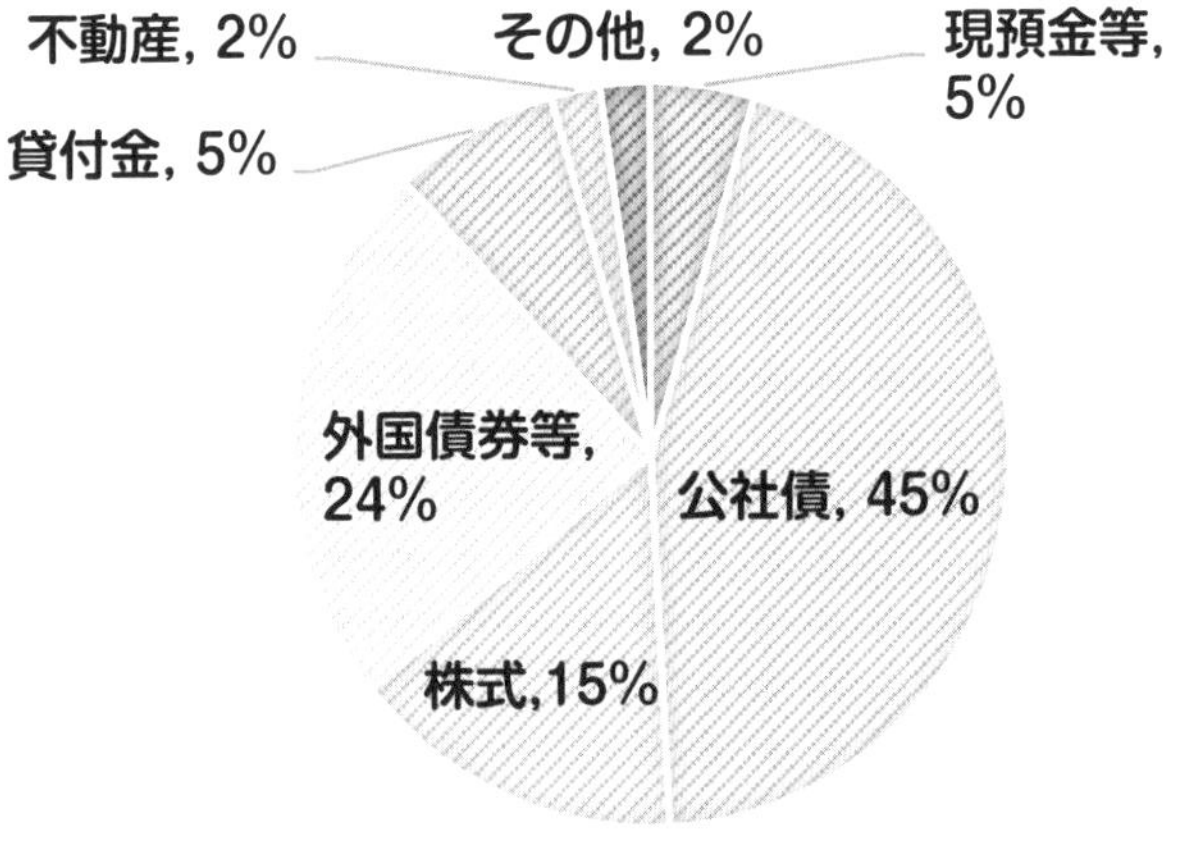

※大手保険会社の 2022 年度、一般勘定の運用実績を元に筆者作成

でも同じように行うことはできません。しかし、基本的に行っていることは私たちでも似たことはできます。その基本とは、**私たちも投資できる株式や債券といった資産を対象として長期投資を行っていることです**。これはＮＩＳＡでつみたてと同じコンセプトですね。投資信託を通じて私たちでも行えるものなので、個人年金保険だけを頼りにしなくてもいいのです。低コストで自分でも運用を選択できるようになったので、他者にお金を託すだけでなく、自分で運用することを考えてもよいのです。

低金利下での長期契約には注意

2点目は運用を固定するかどうかの違いです。個人年金保険の運用は契約時の金利水準を前提に、固定金利による長期契約を結ぶため、現在のような低金利では運用益は長期にわたり、あまり期待できません。そして、契約した金利よりもインフレが進んだ場合にはお金の価値は目減りしてしまうので、将来的なインフレへの備えとしては脆弱です。

極端な例ですが、**仮に金利がほぼゼロのもとで年率2％のインフレが30年間進むと、今の１００万円は約55万円に価値が下がります**。個人年金保険は一定期間積み立てた後に受け取るため、減価してから受け取り始めても、当初に想定したような購買力が確保

仮に金利がほぼゼロ…
年率2％でのインフレが30年間続くと、仮に今1だった価格は30年後には1.81になる。その計算式は「1.02＾30」（1.02の30乗）。そのため、いま100万円で買えるものは、30年後には100万円÷1.81＝55万円のものしか買えない計算になる。

できない可能性もあります。

ＮＩＳＡつみたて投資枠では株式のみの「株式型」、もしくは株式を含む複数の資産による「複合資産型」で運用します。**株式はインフレに強い資産と言われています**。それは、企業の取引はその時の価格で行われるため、インフレの影響をある程度は反映できるからです。たとえば、今１００円で売っていたものがインフレによって3年後に１１０円に値上がりすれば、企業はその１１０円で取引しようとします。

また、ＮＩＳＡでは積立時点の価格で株式や債券の資産に投資しますので、**その時の経済や金利状況を反映した取引になります**。これも最初からベースとなる金利水準が決まっている個人年金保険とは異なります。正確な表現ではありませんが、個人年金保険を固定金利型の運用とすれば、ＮＩＳＡでつみたては変動金利型の運用のようなイメージです。

これは逆に言えば、将来的にインフレはそれほど進行しないとか、今後も金利が上がる環境にはなりにくいと考えるのであれば、現時点である程度の条件を確定させる個人年金保険を選択することもよいと言えます。つまり、どちらが悪いというものではなく、経済環境によってメリットが違ってきます。

コラム

個人変額年金保険

最近は変額型の個人年金保険が多く提供されています。従来の金利が固定される個人年金保険では、日本のような低金利下ではメリットが乏しいため、**海外の高金利などを対象にして、将来に期待できる収益が高めになるような商品設計とした商品です。**これにはさまざまなタイプがありますが、運用部分は基本的に自分が運用成果の責任を負うものです。

変額型は従来の個人年金保険のように、保険会社が運用を保証してくれるものではありません。ざっくりと言えば、**保険という器の中に投資信託や金利が高い外国債券を組み入れています。**そのため、実際にどういった成果が得られるのかは分かりません。実績次第なので変額型なのです。

この変額型に組み込まれている投資信託は、自分でも直接に購入できるタイプも多いので、そうであれば**わざわざ保険にする必要はありません。**

図：固定金利型の金融商品のメリットがある環境かどうかは将来の金利、インフレで決まる

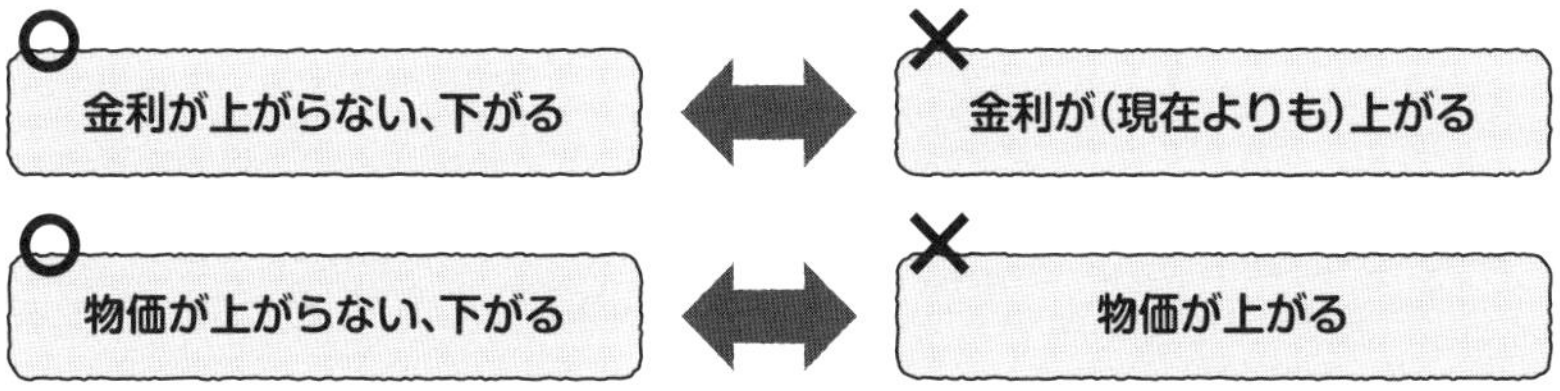

もちろん、変額とはいっても3割以上の目減りはしない商品設計になっているとか、一定の目標水準が確保できた段階で運用をストップするなど、さまざまな工夫や配慮がなされています。そのため単純な比較はできないのですが、基本となる部分は自分でも似たようなことができます。保険会社の提供する商品やサービスに対して私たちは何を求めるために対価を払うのか、その本質的な部分をよく考えて利用したいものです。

そして、受け取る時の安心感

何度か触れていますが、**NISAの受け取り分には一切税金はかからないので、運用成果のすべてを受け取れます。**確定拠出年金では受け取り額は課税とともに社会保険料の対象になりますから、そのまま満額を受け取ることは想定しづらいです。

保険会社と契約する個人年金保険も、必要経費を除いた部分は雑所得として課税の対象となります。今は低金利なので、新たに個人年金を契約する人にとって、たくさんの運用益は期待できないため、結果として雑所得は大きくないでしょう。しかし、今50代の人が30代に契約したものであれば、長期金利は3%台の水準だったので相応の運用益があり、それには雑所得として所得税と住民税がかかります。

そして、それとともに個人年金保険も働いていない状況で受け取ると、受け取り額から必要経費を除いた部分は雑所得として、健康保険など社会保険料の対象となります。

現役世代の社会保険料の負担は上昇を続けて、現在は約15%に達していますが、高齢者も寿命が延びて社会全体への負担が高まる中で、

図：受け取り額は税金や社会保険料の負担になる

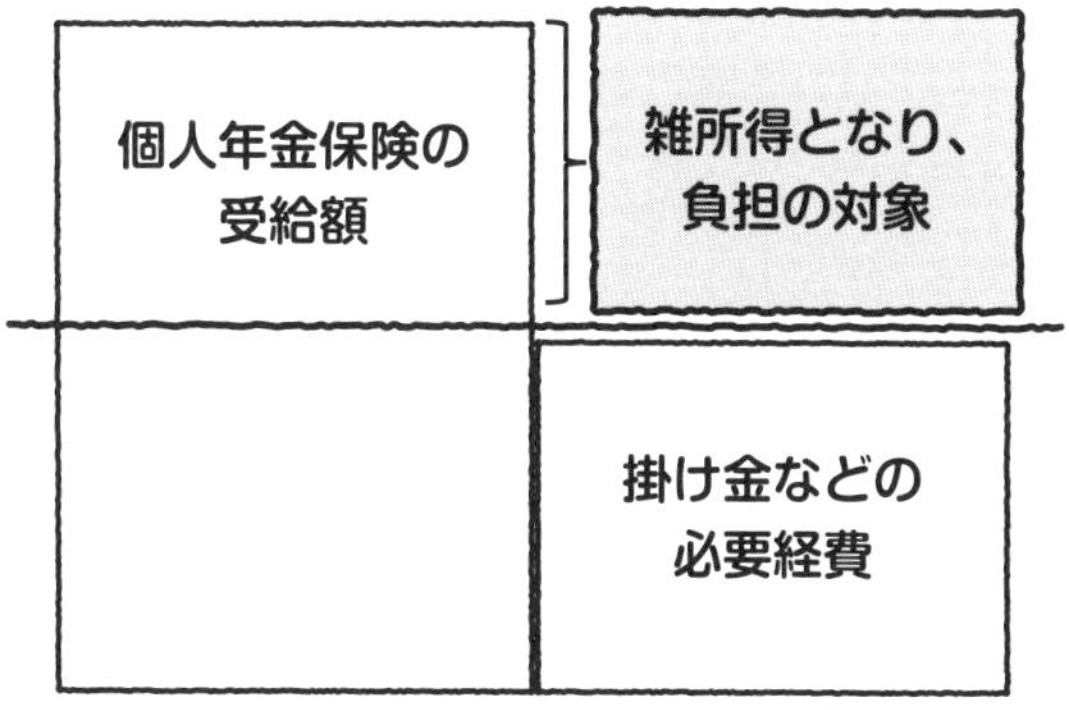

社会保険料の負担も増加しています。その対象として年金と名の付くものの多くは収入とみなされるため、今や税金の負担よりも大きいくらいです。これに対して**ＮＩＳＡは影響を受けないわけですから、私たちの強い味方なのです。**

コラム

昔はiDeCo、つみたてNISAもなかった。金利水準も高かった

生命保険会社だけが提供できる機能は定期保険です。被保険者が亡くなられた場合に契約に基づいたお金が保証されるものです。保険は万が一のための備えとして大切な機能を提供してきました。それに加え、貯蓄系の機能が加わった商品が出てきました。養老保険は、定期保険に加え、満期まで何もなければ、その保証額に相当する金額が満期返戻金として戻ってくるものです。個人年金保険の多くには死亡保証は付いていませんが、これも貯蓄性機能の商品です。

これらが魅力的だったのにはいくつかの前提がありました。金利が付いていたので運用利回りを期待できたこと。すでに触れたように、自分で行おうとしても運用商品の手数料が高かったので、保険会社に任せるメリットが大きかったこと。そしてなんといっても、つみたてNISAやiDeCoが存在しない中、税制面で優遇されている数少ない金融商品として選ばれやすかったことです。

入口での掛け金が所得税や住民税の課税対象ではなくなることにより、実質的な非課税になる点は、お金をかける当事者にとっては大変に重要です。この点では保険や個人年金保険も掛け金に応じた税制上の優遇がありますが、それに対してiDeCoの場合には、掛け金が認められている金額はすべてその対象になります。それであればiDeCoのほうがよいですよね。NISAは税

制面では直接に比較はできませんが、多くの年金を行っている会社員であれば、すでにお話ししたように受け取る時のことも考えると、NISAに分散しておくことがいいでしょう。

バブル崩壊後、日本は世界でもまれな数十年にわたるデフレに見舞われたため、お金の価値はほとんど下がらず、結果的に貯蓄性の保険商品に入っておいたことが得策だった時期が長く続きました。私自身も実際にその恩恵を大いに受けた世代です。そして今、世界も日本でもインフレが徐々に高まりつつあります。そういう環境下において、金利を長期で固定する運用では、インフレ見通しに見合う金利水準かどうかがポイントになります。

第1部のまとめ

第1部では、NISAを用いた資産形成は利用価値が高いことについてお話ししてきました。その**ポイントは3点**です。最終的に資産形成を行うには金融商品を通じて行う必要があるのですが、NISAつみたて投資枠では**長期投資による資産形成に向いている商品にあらかじめ絞られていること**。次に、**受け取り時に非課税であること**は、受け取り時に収入として税金や社会保険料の対象となる年金だけに偏らないという意味で、受け取り方法の分散という観点からも相性が良いこと。そして、**だれでもいつでもいつまでも使え、必要であればいつでも現金化して利用できる**、年金制度にはない柔軟性を備えていることです。

資産形成の手段としてはNISAだけでなく、個人型の確定拠出年金iDeCoや個人年金保険があります。これらを上手に利用していくことが大切ですが、NISAによるつみたては、年金に偏りがちな中で非常に有効な選択肢なのです。

第2部

自分に合った投資信託の選び方・用い方

6 「NISAのつみたて投資枠」の商品（投資信託）はどのように見分ける？

ここからはもう一つの本題、運用商品である投資信託の話に入っていきます。理屈は分かっていたとしても最終的な商品選びで悩むとか、想定していない商品を選んでしまったということはよくある話です。商品選びの理解を深めてもらうためにも順を追って説明します。

結論を求めたい人の中には、「こういう人はこれを選べばオッケー」という答えだけ教えてくれればいいと考える人もいるでしょう。しかし、ここを読んでいただくと、NISAつみたて投資枠に限らず、個人が投資信託を選ぶ際に、どうやって違いを整理していくのか、その切り口を知ってもらえるはずです。

最初に第2部の流れを見ておきましょう

最初に、第2部ではどういった順序で何をお話しするのか、その流れを整理しておきましょう。投資信託の機能や仕組みといった基本的なお話は別の書籍に譲ることにして、本書の目的に徹底的にフォーカスしてお話ししていきます。

どういう商品が登録されているのか

NISAつみたて投資枠は、従来のつみたてNISA向けの商品採用基準と、それによって登録された商品はそのまま引き継ぐことになっています。2023年7月時点、つみたてNISAでは240程度の投資信託が登録されていますので、これを理解すればそのままNISAつみたて投資枠を知ることになります。

では、それはどういう条件を満たしているのか、金融庁はどういった目的で条件を絞り、それに対してどういう商品が登録されているのか、既に第1部でお話ししているので、あらためてという部分もありますが、より具体的にその概要をお話しします。ここでは、自分に向いている商品を選ぶために、登録されている商品のタイプを整理します。車を選ぶ際にも機能や排気量などから分類していくのと同じように、投資信託にもタイプがあります。

新NISAになる直前に、駆け込み寺のようにいくつかの商品が登録されて急に商品数は増えましたが、全体の構図に大きな変化はありません。本書では2023年7月時点を基準にお話をしていきます。

どういう人には何が向いているのか？

ＮＩＳＡでつみたてを行うには、最終的にどれかの商品を選んで積み立てることになります。そこでの選択基準は決して一つではありませんが、その中でも最もスタンダードな考え方である、世代別のアプローチをお示しします。若い世代はリスクを取ることができ、シニア世代になるとリスクを取る余裕度が低下するので、それに応じたタイプの投資信託を選ぶというものです。
ただ、それだけでは知識の有無や投資への抵抗感といったものが十分には反映できないので、それらを考慮するアプローチについてもお話しします。

それぞれの具体的なタイプと基本的なおすすめ商品

ＮＩＳＡつみたて投資枠の商品を大別すると、株式のみを運用対象とする「株式型」と、株式を含む複数資産を運用対象とする「複合資産型」に分かれています。それぞれにおいて、さらに細かく分類されているのですが、その特徴を確認するとともに、スタンダードな商品選びに適している投資信託の具体例をピックアップします。

（金融庁のＨＰでは「資産複合型」、「複数指数（バランス型）」と記載されることもありますが、決まりはありません。本書では「複合資産型」とします）

アクティブ運用の魅力

ＮＩＳＡつみたて投資枠はインデックス運用の商品を基本としていますが、限られた一部のアクティブ運用商品も認められています。これらが選ばれた条件やどのような投資信託が選ばれているのかをお話しするとともに、どういう人にアクティブ商品が向いているのかを説明します。

利用方法のアドバイス

ＮＩＳＡつみたて投資枠では、一つの商品に限定する必要はありません。複数の商品も選択できます。そのため、実際に投資しようとすると、つい目移りして色々な商品を選びたくなるものです。ここでは複数の商品を選ぶ際でも守っておきたい３つの心得をお話しします。

そして最後に、どれくらいを積立したらいいのか、その目安についても一つの考え方をお示しします。

どういう商品が採用されているのか

では本題に入っていきましょう。**NISAつみたて投資枠において運用できる商品は投資信託だけです**。預金や保険は対象になっていません。まさに自分で運用を行うためのものです。そして株式のみを対象とする「**株式型**」、もしくは、株式を含んだ複数の資産を対象に「**複合資産型**」とされています。これは、せっかく長期投資を前提に資産形成を進めるのであれば、**成長力があって収益性の高い株式を対象にすべき**、もしくは、他の資産を入れてもいいが、**その際にも必ず株式は含めるべき**という考えに基づいています。

また、運用のスタイルとしては、例外的に一部の条件を満たすアクティブ運用の投資信託も認められていますが、**基本は「インデックス運用」**です。インデックス運用とは、市場の動きを代表する指数に連動することを目指す運用を指します。NISAつみたて投資枠では、さらにその中でも、あらかじめ金融庁が定めた指数を対象としたものとされています。この点からも、指数であれば何でもいいというものではありません。

ちなみに、世の中には個別の利用目的にカスタマイズされているものまで含めれば、数万もの指数が存在すると言われていますので、この点でも個人の資産形成にとって問題のない代表的な指数に先回りして金融庁が絞ってくれているのです。

従来のつみたてＮＩＳＡ向けの投資信託、つまり２０２４年からのＮＩＳＡつみたて投資枠で採用された投資信託には、あらかじめ条件が定められています。それを一言で言えば、長期投資に向いている商品性を有するものです。あらためてその条件を列挙します。

- 株式を投資対象とするもの、もしくは、株式を含んだ複数の資産を投資対象とするもの（長期投資による高い収益性）
- 指定した指数を対象とするインデックス運用であること（分散効果）
- 買い付けの手数料はゼロであること。保有する限りかかる運用管理費用（信託報酬）は一定水準以下であること（例：国内株式であれば年間0.5％以下）（低コスト）
- 毎月分配型でないこと。投資期間が20年以上で

図：NISAつみたて投資枠で採用されている投資信託の全体像

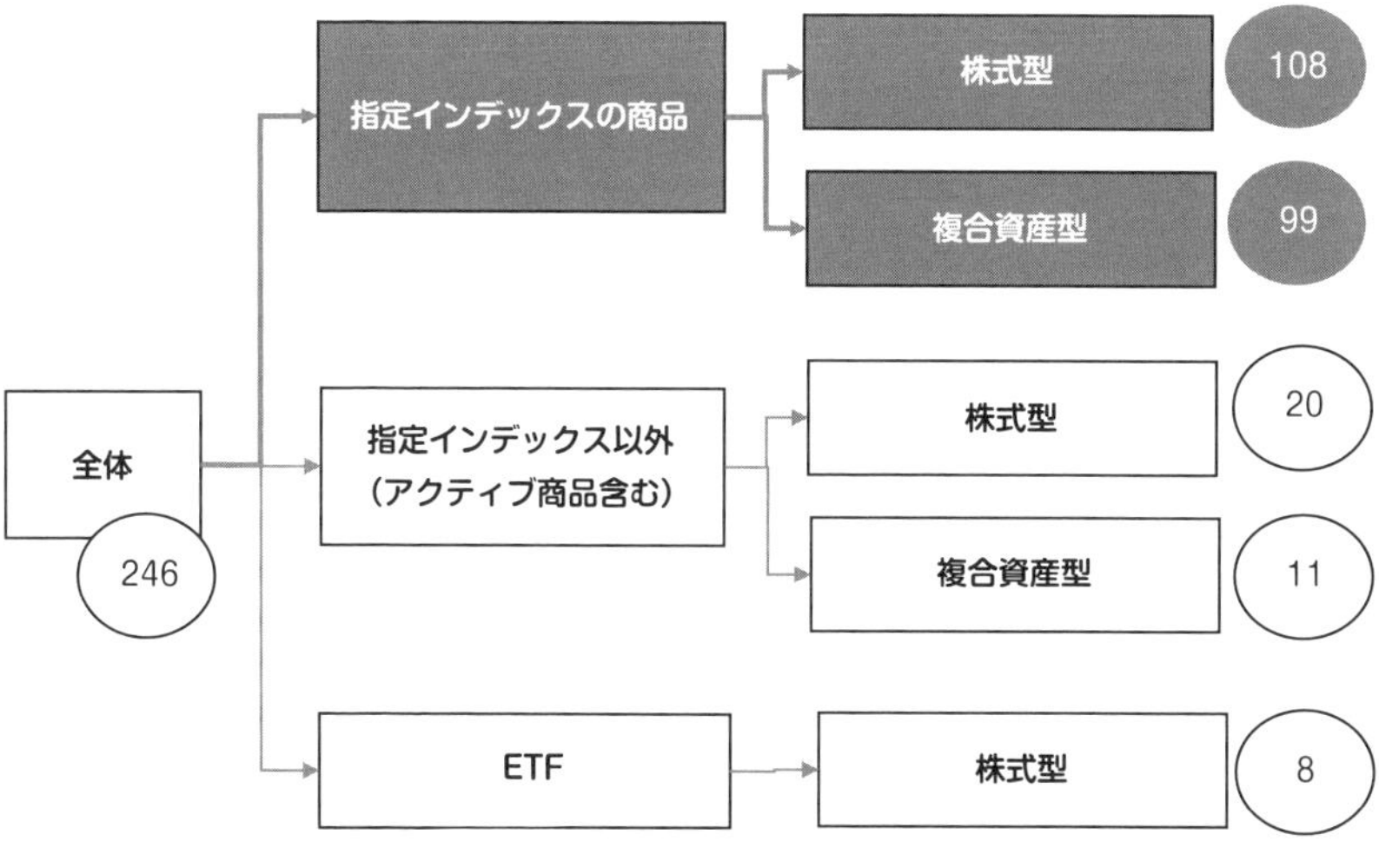

※円の中の数字は、対象となる商品数（2023年7月現在）
金融庁HPより筆者作成

あること（複利機能）

これらに言えることとして、条件は曖昧ではなく、できるだけ数字などを用いてはっきりとさせていることです。補足をしておきましょう。

株式を投資対象とするもの、もしくは、株式を含んだ複数の資産を投資対象とするものに限定しているのは、NISAつみたて投資枠の大きな特徴の一つです。

株式を対象とすること、それはすなわち**長期投資による恩恵を受けるための基本です**。私たちが一般的に投資できる資産といえば株式、債券、不動産です。その中で**最も収益性が高いのは株式になります**。その理由を難しいファイナンス理論ではなく平たい言葉で言えば、**企業は最終的には株主のために運営されるからです**。企業が蓄えた収益は株主のものであり、企業の経営陣を決めるのも株主です。上手くいけば高い収益性が得られますが、上手くいかなかった時には投資したお金は大きく毀《き》損《そん》します。株式はこういう性質を有しているので、その見返りとして高い収益性が求められるのです。専門的に言えば、株式は高いリスクに見合った高いリターンが求められる資産です。

もう一つの大きな特徴として、**インデックス運用は市場全体を代表する幅広い対象を指数化したものと同じように動くことを目指します**。そのため、幅広い銘柄に分散して投資することになります。たとえば、日本株式の市場全体には数千という企業が上場しています。その日本株式市場を示す指数として日経平均株価指数があります。これは別名では日経２２５とも呼ばれていて、その名のごとくＮＴＴなど日本を代表する大手企業２２５社の株価を単純平均した指数です。指数とは、このように代表する企業を用いて**市場全体の動きを示そうとするもの**です。市場に上場しているすべての企業を対象とした指数は珍しく、多くの場合にはその代表的な企業群で代替することがほとんどです。

　このように市場全体に投資するといっても、何か基準を定めて市場全体を代替するように指数化したものを**インデックス（指数）**と呼び、それと同じような動きをする運用を目指すものを**インデックス運用**と言うのです。

　インデックス運用は指数が組み入れる幅広い銘柄に投資をするので、分散効果が効き、個々の企業による影響を小さく抑えることができます。そして、その投資成果はどの指数に連動するものを選ぶのかによって違ってきます。日本の株式を対象とするのか、外国の株式なのかなどです。これについてはどれがスタンダードなのか、後ほどお話しします。

図：対象とする市場から指数が作られ、指数に連動する投資信託が作られるイメージ

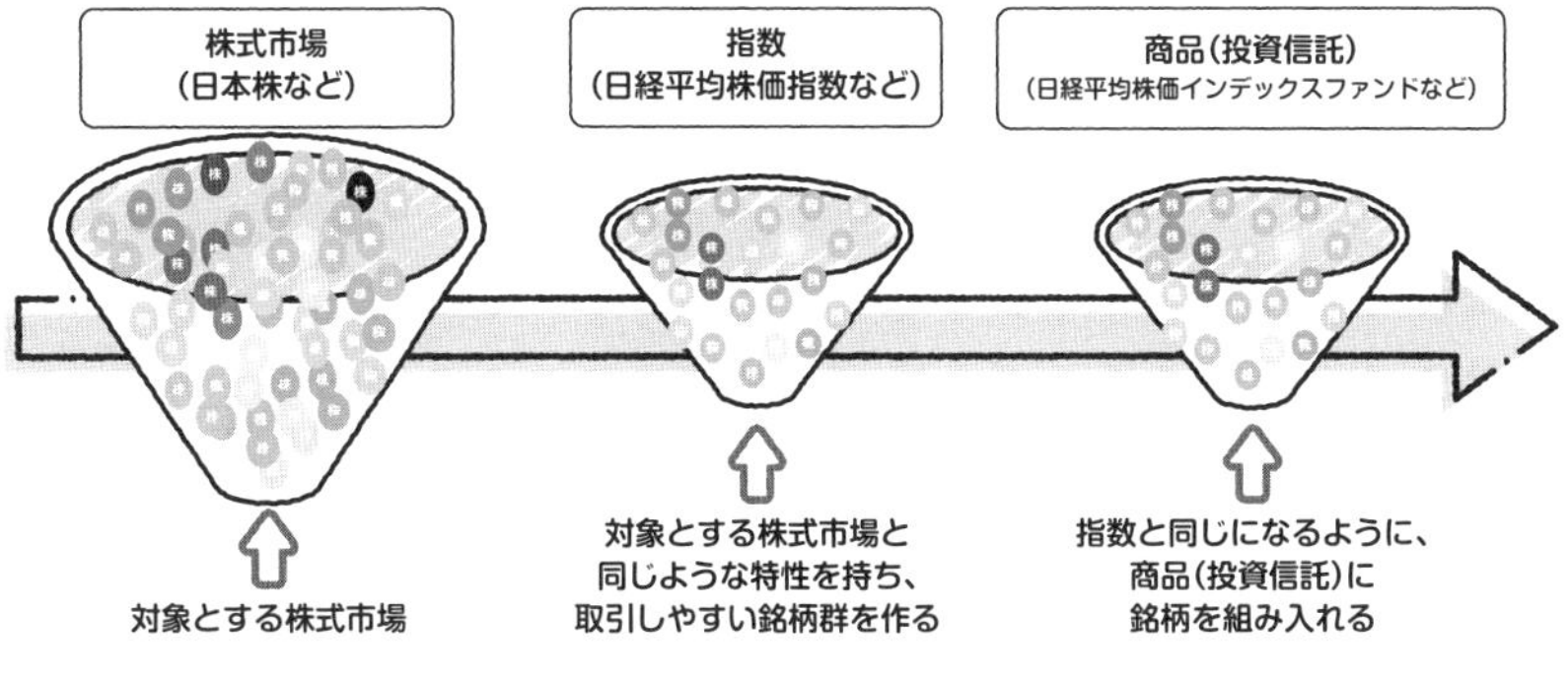
株式市場
（日本株など）
指数
（日経平均株価指数など）
商品（投資信託）
（日経平均株価インデックスファンドなど）
対象とする株式市場
対象とする株式市場と
同じような特性を持ち、
取引しやすい銘柄群を作る
指数と同じになるように、
商品（投資信託）に
銘柄を組み入れる

長期で運用するためには、運用にかかる費用をできるだけ抑えたほうがよいです。それは、**費用がかかる分だけ収益が目減りするからです**。そのため、買い付け手数料はゼロにしているとともに、運用に関する費用が少なくて済むインデックス運用の投資信託としています。

アクティブ運用はよい銘柄を調査するためのコストがかかるため、つみたてＮＩＳＡではコストの制限はあるものの、相対的に費用がかかりやすくなります。それに対して、インデックス運用は市場の動きを代表する指数と同じように銘柄を保有すればいいので、銘柄を調査する必要はありません。こちらも運用の仕方や商品によって費用水準は違うのですが、低いものだと基準で定められた上限よりもかなり低く０・１％程度のものもあります。ざっくりとした比較ですが、アクティブ運用の数分の１程度で済みます。

そして、毎月分配型ではない投資信託とされています。毎月でなくても、四半期や半年でも分配を行うと、再投資の効果を損ねてしまいます。再投資とは、投資で得られた収益をさらに投資することにより、金利でいうところの孫利息を積み上げようとするものです。今では超低金利が当たり前になったので金利の効果を実感する機会がめっきり減りましたが、**金利が付けば付くほど、再投資による孫利息の効果は大きくなります**。

これは金利だけではありません。投資をしている人から見れば当たり前のことですが、**価格が上がることも同じく再投資の効果があります**。長期投資の効果を高めるためにも、つみたてＮＩＳＡでは過度に分配する投資信託は対象から外されました。

実際にはどのような投資信託が採用されているのか？

それでは、インデックス運用を対象に、具体的な投資信託について見ていきましょう。株式のみに投資をする「株式型」と、株式を含めた複数の資産に投資する「複合資産型」の商品によって違うのですが、最初に「株式型」の商品から見てみます。

株式型の大枠としてどの国・地域を投資対象とするのかによって「国内（日本）」に投資をするもの、「外国」に投資をするもの（日本を含む場合もある）、があります。それぞれいくつの商品が登録されているのかを示したのが表になります。

ここで誤解してもらいたくない点として、「商品の数が多いことはスタンダードな対象」であることを意味しますが、**それがそのまま「私たちが選ぶべき対象」とは限らない点です。**

たとえば、日本の運用会社では身近な日本企業の株式を対象に運用

表：対象国・地域ごとの投資信託の数

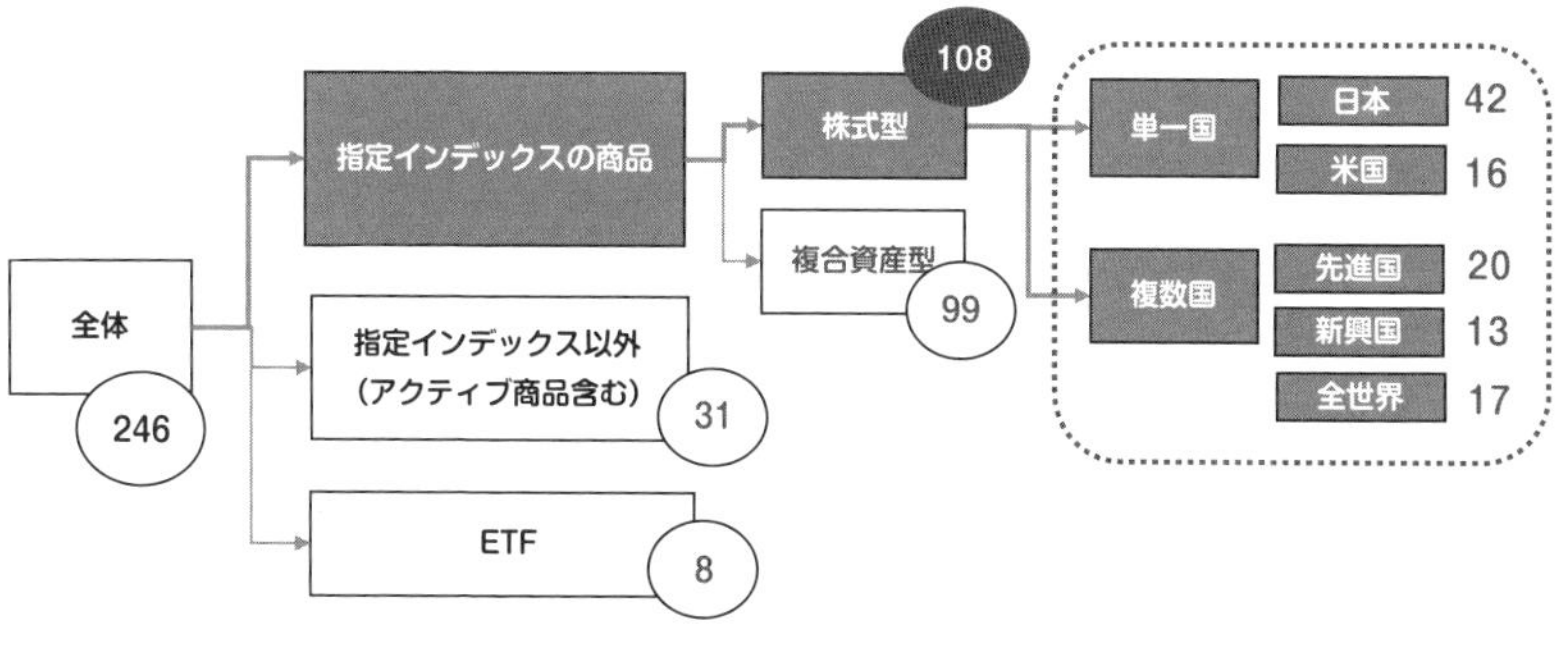

※金融庁HPより筆者作成（2023年7月現在）

しているケースが多いため、必然的に日本株式は多くなります（表中の42商品）。同様に外国株式への投資ニーズも高く、その中で最もメジャーな指数であるＭＳＣＩ－ＫＯＫＵＳＡＩ（日本を除く先進国株式を対象）に連動する投資信託は各運用会社から提供されていることもあり、つみたてＮＩＳＡ向けとしてもたくさん登録されました（複数国の中の先進国20商品の過半を占める）。

表は、金融庁による区分けをベースに私がコンパクトに集約したものですが、大別して以下の４つの対象に整理できます。

- **日本、米国など「特定の国」（単一国）を対象としたもの**
- **「先進国全体」（複数国）を対象としたもの**
- **「新興国全体」（複数国）を対象としたもの**
- **「全世界（先進国、新興国全体）」（複数国）を対象としたもの**

〈MSCI オール・カントリー・ワールド・インデックスの構成国〉

（グレー：先進国 23 か国、黒：途上国 24 か国）

※投信資料館 HP より

どのような構成になっているのか、イメージを持ってもらうために図示してみました。これはＭＳＣＩオール・カントリー・ワールド・インデックス（通称、ＭＳＣＩ－ＡＣＷＩ）という全世界株式を対象とした指数です。つみたてＮＩＳＡにも採用されている代表的な指数です。

色が付いているところが投資対象国です。見ていただくと分かるように白色は対象外の国々です。全世界といっても完全にすべてではありません。それは開発途上にある国や政情不安、株式市場が十分に機能していない国はたくさんあり、安心して投資できないため対象になっていないからです。グレーは先進国、新興国は黒になります。ロシアは新興国の一国でしたが、ウクライナ紛争の影響により現在は投資対象国ではありません。

一目瞭然ですが、このように全世界を対象にしたほうが世界の多くの地域をカバーしています。つまり、**世界経済の成長をできるだけ幅広く享受できます**。

タイプごとの国別構成

それでは、それぞれのタイプの投資信託では、どういった国の構成になっているのか見ておきましょう。

日本と米国の場合にはそれぞれの国が100%を占めますので、ここでは割愛します。先進国では、代表的な指数では22か国が対象ですが、経済で存在感がある米国がかなり大きな割合を占めていることが分かります。以前はもう少し割合が低かったのですが、GAFAやテスラなどに代表されるように、大きく成長している産業の中で米国企業の活躍が大きいことから、株式市場における構成割合も一段と高まってきました。

新興国では、中国、台湾、韓国、インドでかなりの割合を占めます。図にはケイマンとありますが、これはケイマンに籍を置いている主に中国企業で、ケイマン籍を通じて投資できる企業があるため、このような表示になっているものです。先進国における米国ほどではありませんが、新興国においても対象は24か国もありますが、特定の国々の影響が大きいことが分かります。

全世界を選んだ場合には、これら先進国と新興国の規模を考慮して合算したものになります。世界で見ると先進国の規模が圧倒的に大きいので、日本を含めて9割近くは先進国が占めることになります。

NISAつみたて投資枠では、**単一国での日本と米国、複数の国・地域としての先進国、新興国、全世界の大きく5つに関する指数が対象になります**。実際には、日本でも日経225とTOPIXの指数があるように、それぞれ複数の指数が登録されているため、指数の数でいえばもっとたくさんになります。そして、指数によって細かな違いはあります。

ここからは私見ですが、5つの国・地域のどれを選ぶのかということと比べると、その中でどの指数を選ぶのかによる影響は小さいので、そこまでこだわらなくてもいいのではと思います。もちろん、同じ国・地域でも指数の違いによって投資成果は違ってきますが、どの指数も資産形成を考えるうえで悪いものはないからです。たとえば同じワンボックスタイプの車種でも、自動車メーカーによって特

図：外国先進国（日本除き）、新興国、全世界、それぞれの構成国・地域

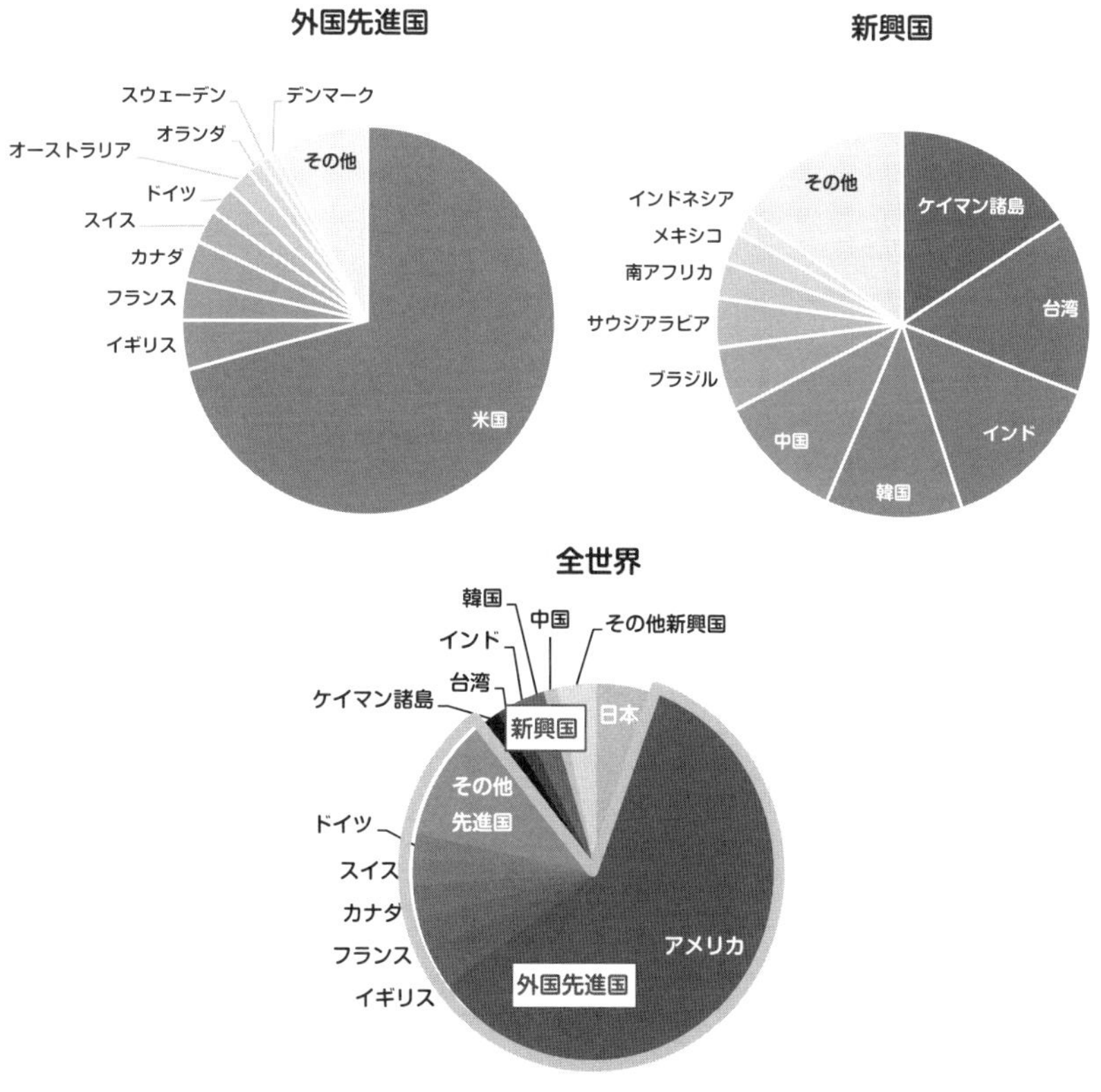

※三菱UFJアセットマネジメント　eMAXIS Slimシリーズの月報（2023年6月）より　筆者作成

徴には違いがあるようなものです。

よりこだわるのであれば、比較して自分が納得されるものを選ぶのがよいでしょう。ただ、どちらを選んでも、自分が求める本来の目的から大きく逸脱するものではありません。それ以外にも、手数料などの費用水準や、実際にどういった運用をされているのかといった点もあるので、そういったこともチェックしておきたいです。

第8章では、これらの中からどういったタイプがよいのか、具体的な商品についてお話しします。

コラム

インデックス運用は企業の選別などを行わないので、どの市場を選ぶのかによって収益性のほぼすべてが決まる

インデックス運用は、特定の市場を対象とする指数に連動することを目指す運用を行います。指数という意味では、市場でなくても、たとえば日本の繊維業種でもインデックス運用は可能です。対象を明確にすれば、その対象と同じような動きをする指数を作り、その指数に連動することを目指す運用はすべてインデックス運用になります。最近では**スマートベータ**と呼ばれる、割安株指数とかESG関連指数など、市場全体というよりは特定の目的を対象とした指数へと広がりを見せています。

多くの人は、株式投資とか株式に投資する投資信託というと、特定の企業を厳選して投資することをイメージされることも多いです。たとえば、「魅力的な上位30社に絞って投資します」という商品であれば、市場全体の動きの影響は薄まり、選んだ企業の影響が反映します。一方で、インデックス運用は特定の企業に絞り込むことはなく市場全体を投資対象とするのですから、得られる収益性はまさに選んだ市場に依存することになります。NISAつみたて投資枠の株式型では、あらかじめ指数が定められていますので、**その中からどれを選ぶのかによって、将来に得られる収益性はほぼ決まってきます**。

逆に言えば、ある市場に投資をした場合、その市場は上昇しているのに自分の選んだ投資信託は

上昇していないということはありません。アクティブ運用であればよくも悪くもそういうことが起こり得るのですが、インデックス運用の場合には、市場と同じ投資成果を目指すので、**選んだ市場の動き＝得られる成果**です。その点では分かりやすく、安心ですね。

運用には色々な方法があると何度か触れてきました。その中で儲かりそうな対象を追求するのであれば、株式型では日本株式、米国株式、先進国全体、新興国全体、世界全体の中で最も儲かりそうなもの、よさそうなものはどれなのだろうと考えることになります。しかし、現時点でどれがいいのかを言い当てることは難しいです。本書ではそういった「何かに賭ける」という方法ではなく、NISAつみたて投資枠のよさを活かすうえで、多くの人に長期投資により安定的な収益を享受する方法を考えているのです。

スマートベータ

市場の動きを捉える指数として、市場における銘柄の大きさに応じてウェイト付けした従来型の指数（これを時価総額加重平均型と呼ぶ）ではなく、財務指標や株価の変動率など特定の要素に着目して銘柄を組み入れる指数をスマートベータという。

7 株式を含む複数の資産を対象とする商品の特徴

前章では、株式のみに投資をする「株式型」において、その中にどういうタイプがあるのかをお話しししました。投資する国・地域の広がりによって分類できること、それによって分散度・安定度の違いがあることを見てきました。

この章では、株式のみではなく、株式に加えて債券などの複数資産を対象とする「**複合資産型**」の商品について、どういう切り口で分類すれば、私たちが利用するうえで整理しやすいのかという視点でお話しします。

複数の資産を組み入れる場合にはどの点を意識する?

では、株式を含む複数の資産を対象とする「複合資産型」を見てみましょう。特徴を捉えるためには、先ほどの「株式型」と比べて追加で説明しないといけないポイントが

（金融庁のHPでは「資産複合型」、「複数指数（バランス型）」と記載されることもありますが、決まりはありません。本書では「複合資産型」とします）

いくつかあります。複数の資産を組み入れるものを見ていくにあたり、次の点を確認していきましょう。

- **資産の組み合わせは無数にあるが、その中でスタンダードな資産の組み合わせ**
- **商品選びで大切なのは資産の数よりも株式と債券の構成割合**
- **右記を把握したうえで、自分に合ったものはどういう目線で選ぶのか**

後ほど、「こういうタイプの人はこのタイプの商品を選べばいい」という基本パターンとともに、具体的な投資信託の商品名も代表例としてお示しします。この点だけ知りたいという方は次章まで進めていただいても構いません。そうではなくて、知識を増やしたいという人はぜひこのまま読んでください。すべてをお話しすると膨大な量になってうんざりされるので、知っておいたほうがいいと思われる点を中心にお話しします。

では、組み入れる資産について見ていきましょう。個人が投資信託を通じて投資する資産を列挙してみると、**株式**とともに**債券**、**リート**（**不動産投資信託**）が代表的なものになります。これらの資産は、個人が当たり前に投資できるようになる前に、年金のお金や特定の富裕層などで取引がなされてきて、それが個人でも幅広く取引できるようになったものです。そこでは価格の透明性が高くていつでも十分な取引ができるなど、投

インフラ資産／プライベートエクイティ
インフラ資産とは水道や発電施設などの社会基盤を支える資産を指す。近年では飛行場やデータセンターなども投資対象とされる。プライベートエクイティは未上場の株式を指す。成長性が高い企業への投資が可能となるため注目されている。株式や債券などの伝統的資産と区別する観点から、これらの資産を総称してオルタナティブ資産と呼ぶ。

資信託を通じて個人が取引しやすいように整備されています。逆に言えば、世の中に投資されている資産でも、特定の立場の人たちだけが投資できるとか、価格の開示や取引のしやすさは十分とは言えないけれど、ニッチな対象というのは**インフラ資産**や**プライベートエクイティ**と呼ばれるものなど色々とあるのです。

　それらの資産において、一般的には国内と外国では特徴が違うので分ける場合が多いです。さらに外国においても、米国のような先進国とブラジルのような新興国を分けることが当たり前になってきています。

　こう考えると、株式・債券・リート〈3つの資産〉のすべてにおいて、国内・外国（先進国）・外国（新興国）〈3つの国・地域〉を分類すると、3×3＝9の対象に区分けできることになります。

　ただし、その中でリートは今のところ先進国が中心で新興国は未成熟なため、リートだけは新興国を除くと全体では8になります。後ほど見ていきますが、複数で8資産とあるのはこれらすべてを組み入れているものであり、今のところ上記の区分けの中では一番多い資産数になります。

図：対象とする8資産

			対象資産		
			株式	債券	リート
国・地域	国内		伝統的4資産		
	外国	主に先進国			
		主に新興国			

ここで、株式とともに投資対象として大切な存在である債券についても説明をしておきましょう。人によっては、株式よりも分かりにくい資産との声を聞く場合もあります。**債券について、金利が上がれば価格は下がるといった価格の動く仕組みを理解しよう**とすると難しくなるので、この点に関しては「そういうものだ」と受け入れてください。

私たちにとって債券で知っておくべき特徴は、株式よりも期待できる収益は低いけれども、その分だけ価格の動きもマイルドで、**投資する資産として安定性が高いこと**です。それは、**債券は株式と違って満期時には元本が返ってくるからです**。

債券の仕組みは、私たちが住宅や自動車のローンを借りることの逆を想定してもらえばいいです。私たちはお金を貸す立場にあります。国や企業は、債券という借用証書と引き換えにお金を借りようとするので、私たちは債券を購入することを通じてお金を貸します。それに伴って金利利息を受け取り、満期には貸したお金が返ってくる、これが債券の仕組みです。私たちが銀行にお金を貸す場合には預金ですが、極論するとお金を貸して利息を受け取るという仕組み

図：投資家が債券を通じて企業にお金を貸す流れ

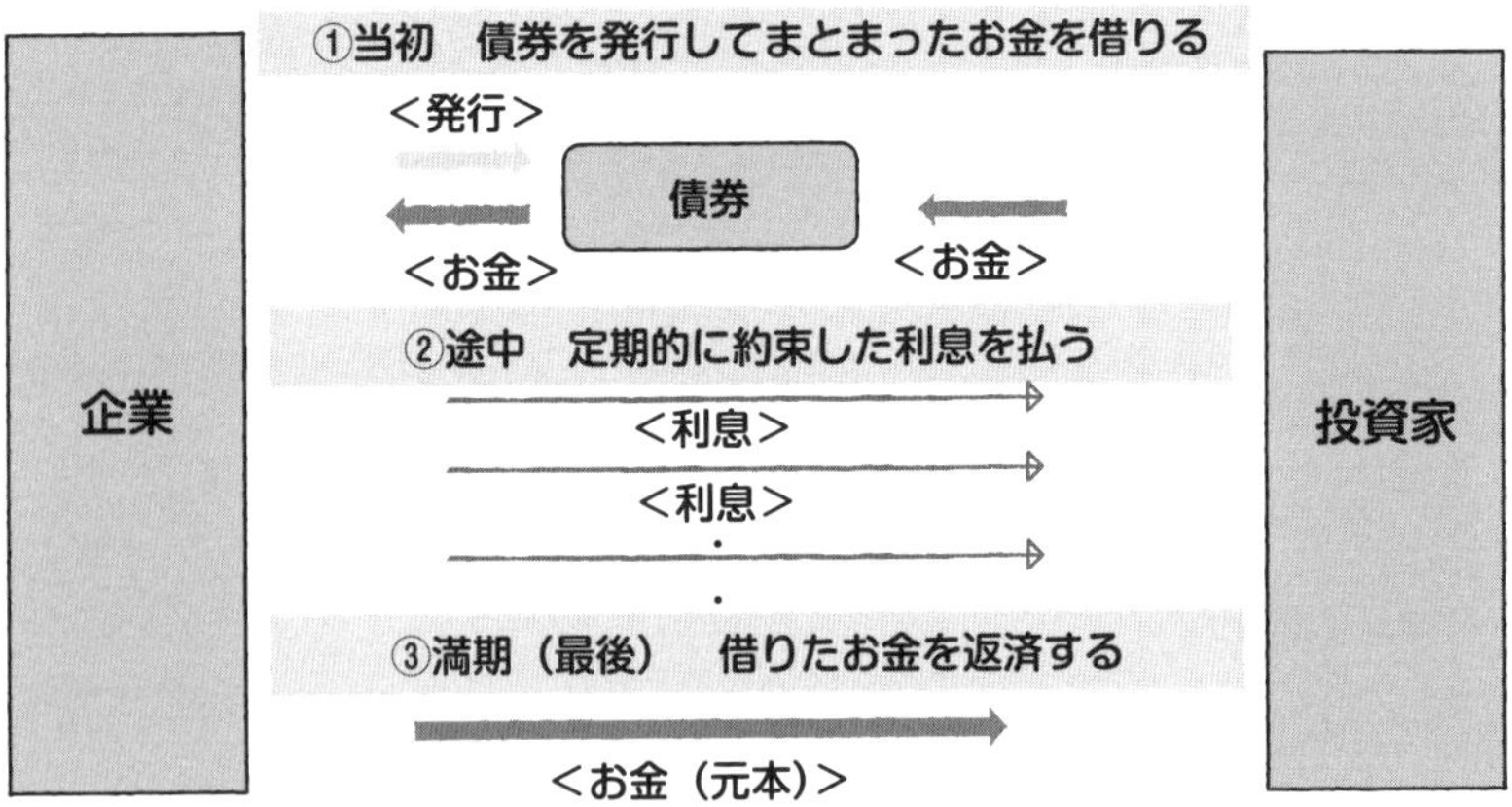

企業
投資家
①当初　債券を発行してまとまったお金を借りる
<発行>
債券
<お金>
<お金>
②途中　定期的に約束した利息を払う
<利息>
<利息>
③満期（最後）　借りたお金を返済する
<お金（元本）>

は同じです。

そして、経済活動において債券はすごく大きな役割を占めています。たとえば、国の借金である日本の国債も債券ですが、１０００兆円を超える規模があります。そのほか、地方公共団体が発行する地方債も数十兆円あれば、企業が債券を発行して借金をする社債も１００兆円程度あります。東京証券取引所の東証プライム上場株の規模は、２０２３年になって30年ぶりに株価が最高値を更新するなど上昇して８００兆円程度の規模です。債券は株式の規模以上の残高で取引されており、銀行による融資とともに、経済の血液であるお金を貸し手から借り手に繋げる役割をしているのです。**債券に投資をするということは、債券を通じて国や企業にお金を貸すことを指します。**

スタンダードな資産の組み合わせとは

最初に、ＮＩＳＡつみたて投資枠といえども、複数資産を組み入れるパターンが多くてすべてを説明しきれないことを、組み合わせ数という頭の体操をしながら考えてみましょう。ＮＩＳＡつみたて投資枠の商品であるためには、**少なくとも株式を含む複数資産であることとされています**。では、複合資産の場合にはどれくらいの資産の組み合わせ数が存在するのでしょうか？　組み合わせ数のカウントの仕方の説明は割愛しますが、

債権について、金利が…

1年後に受け取れる金利利息が1％だったものが2％に上昇したケースで考えてみる。今、100円を貸せば1年間で金利1％が付いて、利息の1円と合わせて1年後に101円でお金が返ってくる約束の債券があったとする。しかし、金利が2％に上がると、お金を貸す人は利息として2円を求める。すると、満期に101円で返ってくる約束の先ほどの債券は100円ではなく、「101円－2円＝99円」の価格でなければ2円の利息が付かないのでお金を貸してもらえなくなる。そのため100円から99円へと価格が下落する。

何も考慮しないと計算上は**189通り**になります。現実的ではありませんが、これだけの資産の組み合わせパターンが作れるわけです。もし、これを各運用会社が別々に自社商品として用意するとしたら、世の中に出回る商品の数はさらに何倍にも増えます。さらに細かいことを言えば、一つの資産でも代表的な指数は複数あるので、どの指数を選ぶのかも違いとしてカウントするのであれば、一段とパターンは増えます。

実際には、これらの中から運用するに当たって、妥当な組み合わせを用いるのでこれほどパターンが増えることはありませんが、色々な組み合わせがあり得ること、そのため、この場ですべての組み合わせについて説明するときりがないので、代表的なものを取り上げていることをご理解ください。

では、代表的なものをどのように考えていくのか。結論から先に書くと、その基本形は「**株式とともに債券**」**が入っていること**、そして、「**国内と海外**」**が入っていること、**しかも、「**先進国が中心**」**になっていること**です。言い換えれば、「**日本の株式と日本の債券、外国（先進国）の株式と債券**」この4資産で構成されているもの、もしくは「**4資産が中心となっているもの**」になります。

先ほど8つの資産が対象になっていると言いましたが、この4資産で半分になります。これらを専門家の間では「**伝統的4資産**」と呼んでいます。昔からお金を運用する対象とされてきた資産だからです。また、それぞれに価格の動きには特徴があるので、組み

189通り
8資産から複数資産を組み合わせる方法として、例えば2資産の組み合わせであれば28通り（｛（8×7）÷（2×1）｝＝28）、3資産の組み合わせであれば56通り（｛（8×7×6）÷（3×2×1）＝56）となる。このように4資産、…8資産すべてまでの組み合わせをすべて合計すると189通りになる。

合わせることによって**投資効率を高める効果（分散効果）が高いとされています**。４資産以上を組み入れている場合には、ほとんどはこの伝統的４資産が中心となって入っています。私も複数の資産を考える場合には、あまり複雑に考えなくても、この４資産を中心にしたもので十分と思います。

その理由として、国・地域では新興国、資産としては**リートをあえて入れなくてもいい**という観点で見てみましょう。まず新興国ですが、新興国の株式や債券は日本や先進国よりは**価格変動が大きいです**。それは、将来的な成長可能性はある一方で、経済基盤はしっかりとしていないため、安定性という点で弱いからです。また、リートの場合は不動産から収益を得るものであるため、株式に近い収益性や価格変動に特徴があります。それであれば株式でもいいと考えると、伝統的４資産である程度はカバーできることになるのです。

これら新興国の株式や債券、リートを伝統的４資産に加えていくことで、より成長性を高めるとか分散投資の効果は高まりますが、あまり詳しくないのであれば**伝統的４資産で十分**と考えます。

あまりよく知らないものに投資すると、一時的にでも思っていないような価格の動きをした時には、疑心暗鬼のもとになります。これと似通ったものに「ＡＩに基づいて資産配分を考えます」とうたっているロボアドバイザーがあります。スマートな雰囲気なので若い人が顧客となっているようです。足元は投資する対象の価格は上昇傾向なのでよいでしょうが、損失が生じると不安になるのではないかと心配しています。

　私はロボアドバイザーを否定するつもりはありませんが、いくつかの質問に答えて「はい、あなたはこれらの資産をこの配分で持ってください」とか、「ＡＩがさまざまな取引市場をチェックして最適な投資判断を行っています」と言われても、知らない資産も含めた答えだけを提示されるのも極端すぎるかなと思っています。大切なお金を委ねるのですから、ある程度の納得感は必要ですよね。

商品によって各資産の構成割合には違いがある。ここがポイント！

　ここまでのお話で、対象とする資産はどれくらいあるのか？　その中で、どのような資産の組み合わせがスタンダードなのかについてお話ししました。しっかりと説明するのであれば、数十ページを費やすべき重要なところですが、ものすごく簡潔にしています。そして、ここまでで説明の7合目までは来ています。あともう少しなのですが、**それぞれの資産をどれくらいの割合で組み合わせるのかによる違いを見ておく必要があります**。最終的に商品を選ぶ場合には、この構成割合が大きく影響してくるからです。同じ資産を組み入れていたとしても、その割合によって将来の収益見込みが高いけれど価格変動の大きなものにもなれば、その逆にもなるからです。

単純化のために、日本の株式と債券の2つの資産で考えてみましょう。もし、日本の株式が長い目で見ると年間5%の収益性があるけれども、価格もかなり上下に動くため価格変動の大きさは15%もあるとしましょう。それに対して、債券は元本が戻ってくるという特性から収益性は2%程度と低いけれど、価格変動の大きさも5%と低いものとします。この場合、同じ2つの資産の組み合わせでも株式8割、債券2割のケースと、逆に株式2割と債券8割のケースでは、それぞれにおいて**期待される収益性や価格変動の大きさは、全く違ったものになります**。

NISAつみたて投資枠の商品に限らず、組み入れる資産を確認しても、それらがどういう構成割合なのかを見なければ、どれくらいの成長期待や価格変動があるのか、そしてそれが自分に合っているとか向いているのかどうかを判断できません。そして、残念ながらこれは一覧で示されていないので、具体的に知ろうとするのであれば、一つ一

図表：同じ資産でも構成割合によって価格変動が違うイメージ図

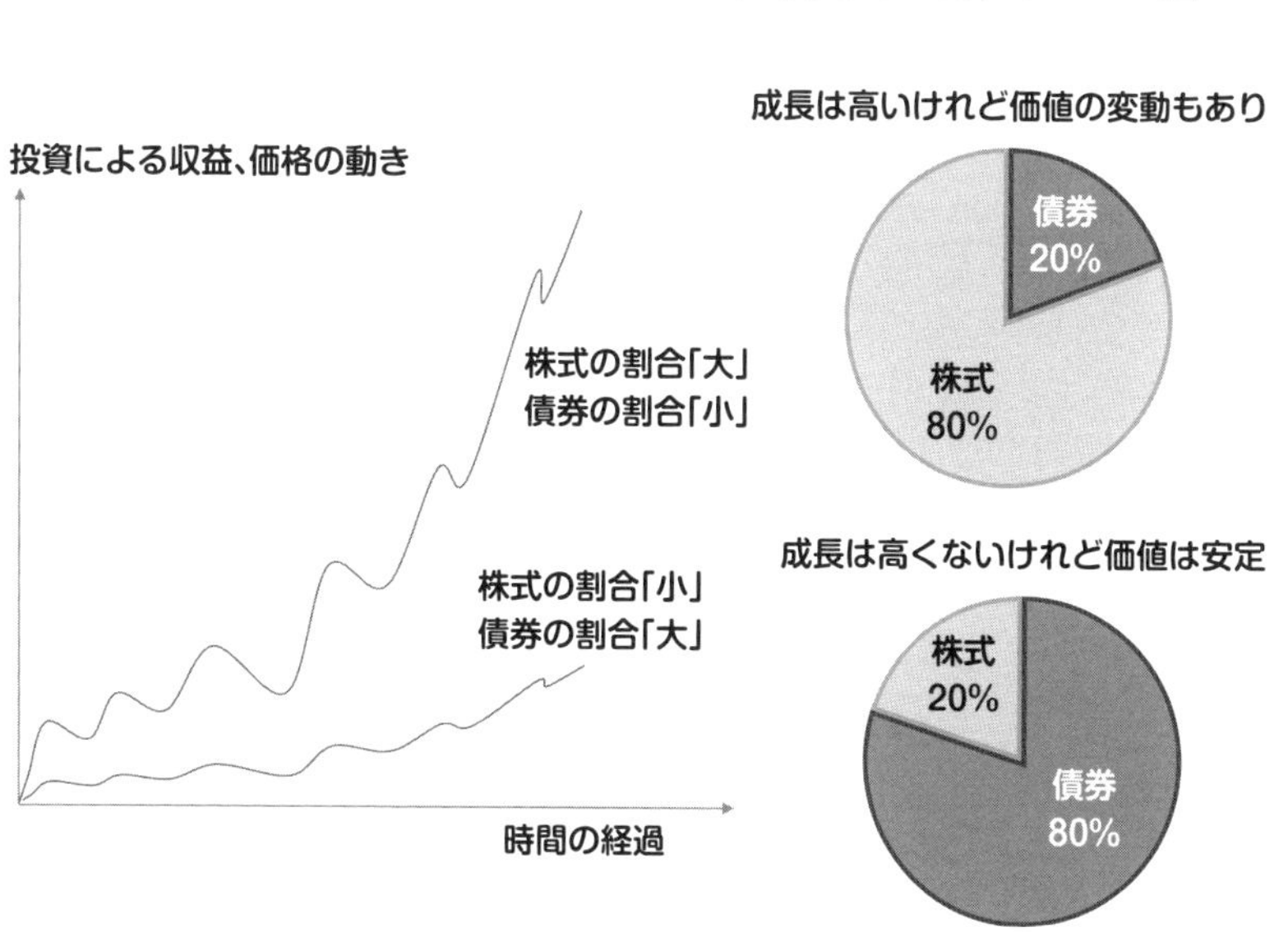

つの商品について目論見書などで確認する必要があります。ただ、それでは大変ですので、大雑把ではありますがどういう見方をすればいいのかお話しします。

ちなみに2資産でも4資産でも、株式が7割とかそれ以上の高い構成比で組み入れられているものであれば、必然的に「株式型」の特徴に近づきます。ここからは私の考えですが、「株式型」ではなく、わざわざ複数の資産を選ぶのであれば、「株式型」では得られない特徴を活かすために利用すべきです。複数の資産でも株式の構成割合がかなり高くて「株式型」に近い特性であれば、最初からストレートに「株式型」の商品の中から選べば十分に目的は適うからです。

あえて複数資産として株式以外の他の資産を加えるのは、株式よりも価格の変動をマイルドにして**安定的な運用を求めるのが主な目的です**。その代表的な資産は**債券**になります。そうであれば、株式の割合が一定以下、逆に言えば価格の安定性が高い債券の割合が半分程度であるものを中心に利用するという考え方になります。後ほど、どのようなタイプの人にはどういった投資信託の商品が向いているのかについて、この観点からお話しします。

構成割合を運用タイプで大別

個々の投資信託における各資産の構成割合は、自分で目論見書を確認するしかないので、ここが大きなハードルの一つです。ただし、運用目的や商品タイプから類推して、株式が高いのか低いのか、債券が高いのかどうかを判断できます。そのために、ここではＮＩＳＡつみたて投資枠における複合資産型の投資信託を商品タイプ別に３つに分類します。それは以下の３タイプです。

【均等配分型】

各資産を均等に配分するタイプ

【投資姿勢による分類型】

投資姿勢の積極度合いにより数段階のレベル分けをして、それぞれに応じた資産配分にするタイプ（シリーズ物として複数商品が登録されている）

【ターゲットイヤー型】

ターゲットイヤー（ターゲットデート）と呼ばれる商品（シリーズ物として複数商品が登録されている）

一つ目の均等配分型ですが、これは選んだ複数資産をピザのトッピングのように均等に配分するものです。たとえば伝統的4資産であれば、国内と海外の株式で半分、同様の債券で半分に4等分したピザのようになります。もし8資産であれば、これらに加えて新興国の株式と債券、国内と海外のリートが加わり、8分の1ずつの構成になります。伝統的4資産であれば、価格が安定していて信用力の高い国内と先進国の債券の構成は全体の半分（4資産のうちの2資産）ですが、8資産であれば全体の4分の1（8資産のうちの2資産）へと低下します。多くの場合、このように資産の数が増えると全体としての安定性は少し下がります。

こういったこともあり、複数資産を組み入れることで安定的な特徴を求めるなら、均等配分であれば伝統的4資産のタイプを選択することが無難でスタンダードです。

複数資産をピザのトッピングのように均等に配分するものの見分け方

● この商品では、投資信託の名前に「均等」という言葉が付いています。「4資産均等」、「8資産均等」といった具合です。

図：均等配分タイプの一般的な資産配分

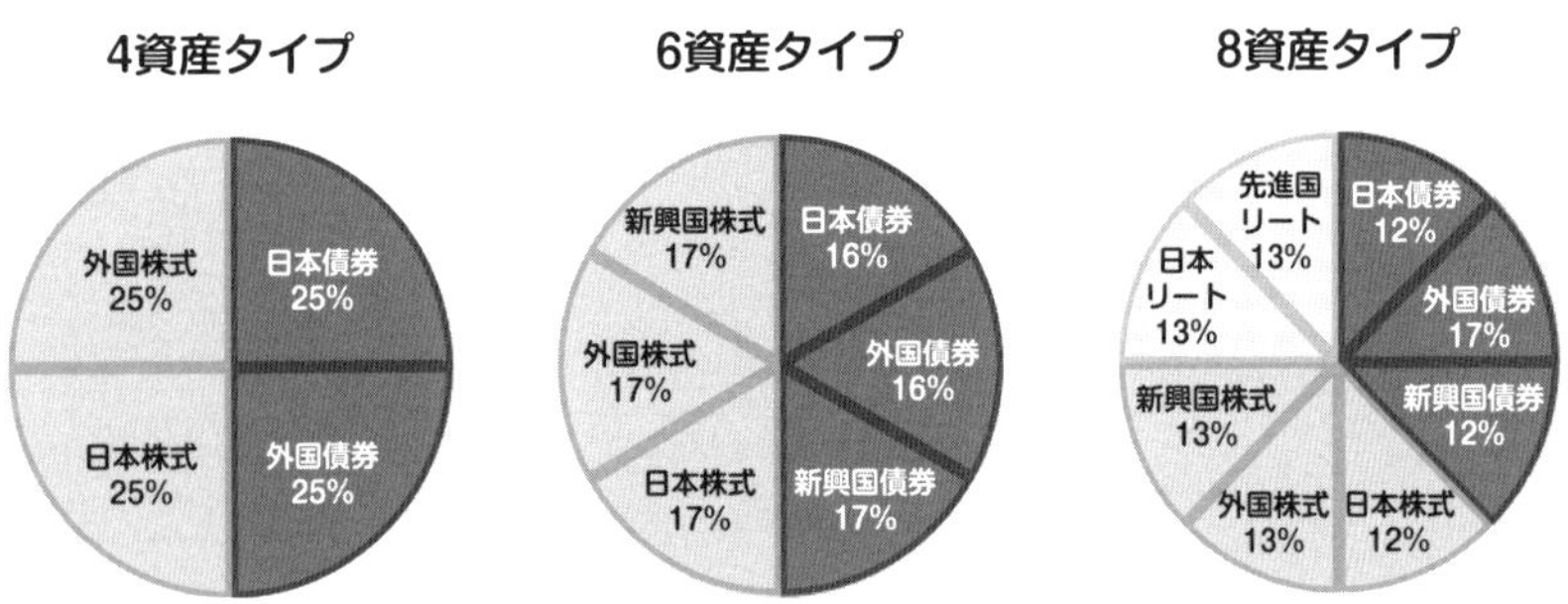

二番目のタイプは、投資への姿勢に応じて3段階とか5段階でレベル分けをして、それぞれに応じた資産配分にするものです。たとえば、積極型、中立型、安定型として区分けし、積極型では株式の割合を8割程度、中立型では株式と債券を半々、安定型では債券を8割程度とするものです。

これらの商品において、シリーズの中で安定的な特徴を求めるのであれば、中立型とか安定成長型のような、真ん中に位置するタイプを選ぶことになります。

投資への積極度合いに応じて3段階や5段階でレベル分けをし、それぞれに応じた資産配分にするものの見分け方

- **商品名の最後に、「積極型」「成長型」、「安定成長型」、「安定型」「保守型」という記載や「攻め」「中立」「守り」という表現があるものが該当します**
- **シリーズ物として登録していることが多いです**

最後に、つみたてＮＩＳＡの複数資産の商品の中には、ターゲットイヤーとかターゲットデートと呼ばれる商品が含まれています。これは、商品ごとに定められている

図：3 段階レベルの例

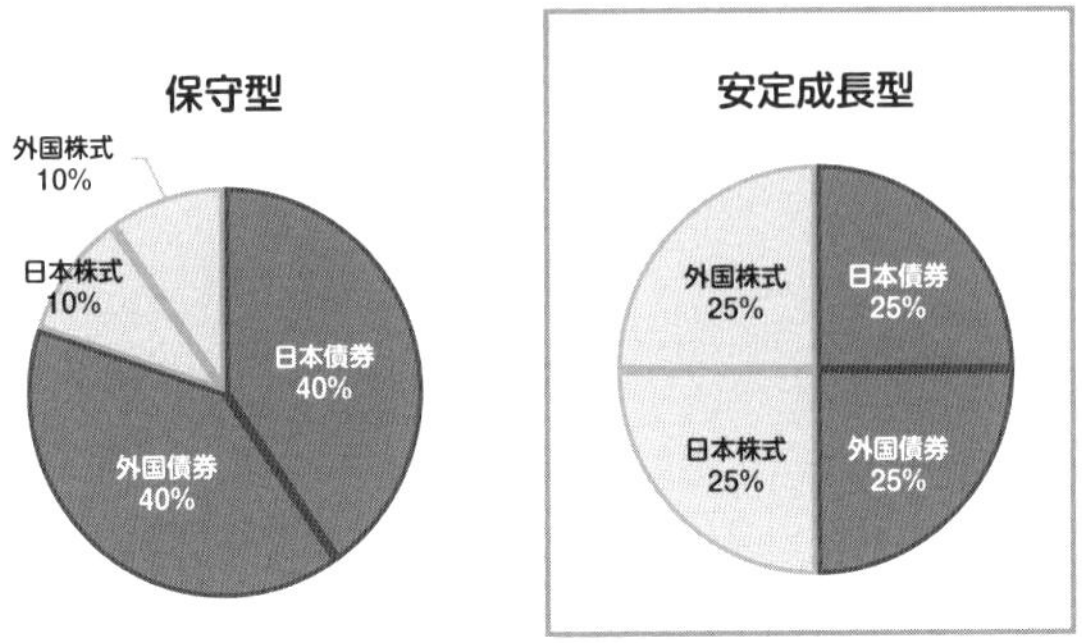

図：5 段階レベルの例

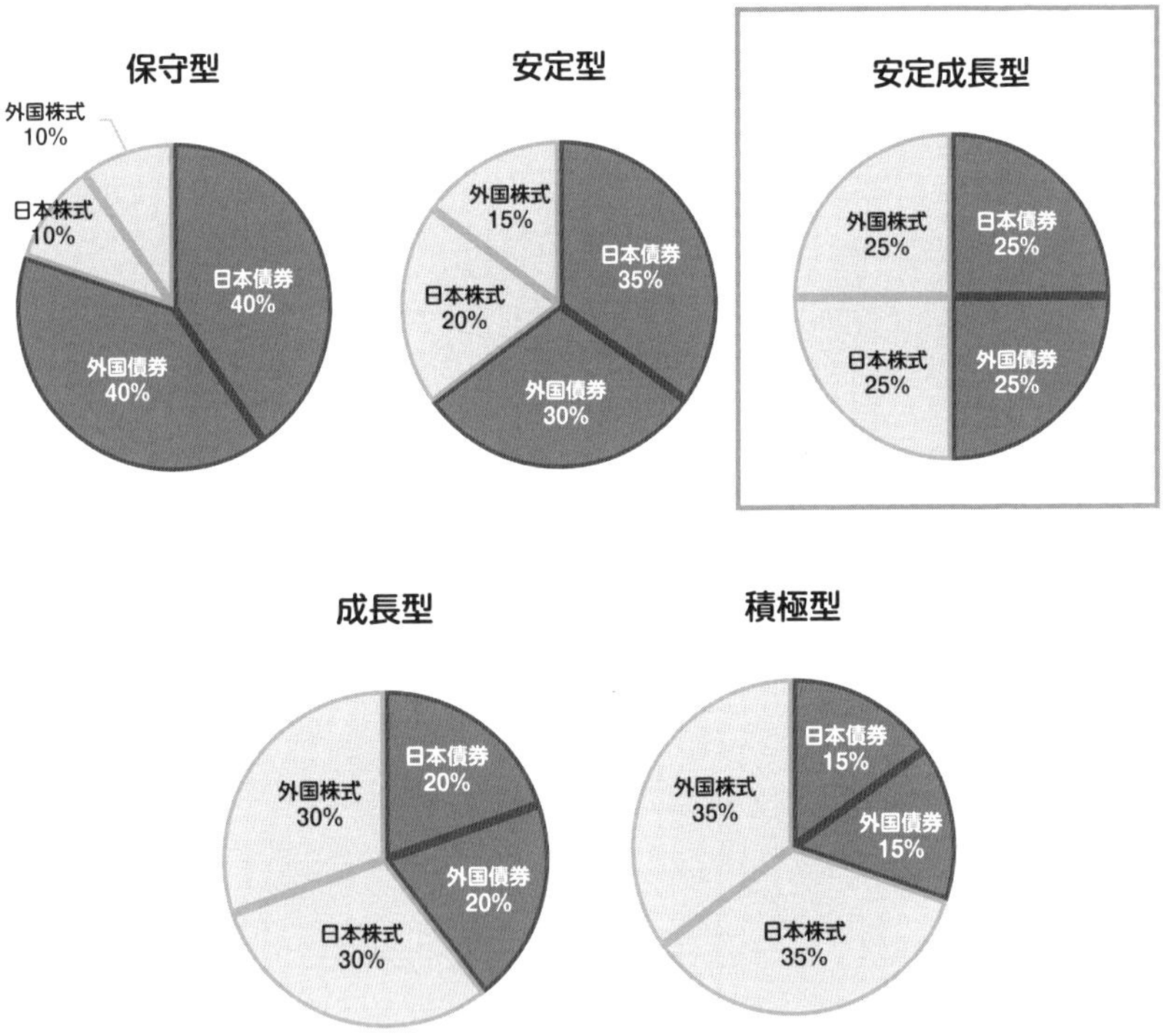

ターゲット期日に向けて、当初は株式中心に積極的な運用を行い、10年とか20年といった、長い期間の中で徐々に株式の割合を落として、債券や現金など安定性の高い資産に投資信託の中で勝手に構成割合を変えていってくれるものです。

当初は積極的に投資を行い、年齢が進むに従って安定性を重視することを、私たちが何も指示しなくても時間の経過とともに行ってくれる便利なものです。しかし、当初は8割とか9割近くを株式に配分しています。そして、10年間以上の長期において、株式割合の高い運用が続けられます。

つまり、そういう運用が望ましい**若い世代向けの商品**なのです。それであれば、**若い世代は株式のみの商品を選んでもいいでしょう**。一方で、年齢の進んだシニア世代にとっては株式比率が高すぎるため、安定志向とはフィットしません。こういった観点からすると、ターゲットイヤータイプの商品は機能性に優れた商品ではありますが、私の目からすれば、**NISAつみたて投資枠であえて選択対象にする必要はありません**。むしろiDeCoなどの確定拠出年金のように、**ライフサイクル**を前提とした年金制度における運用により向いている商品です。

この点について補足を加えておきます。運用商品についてよくご存知の人の中には、「ターゲットとする年や期日が10年程度といった残りの期間が短めの商品を選べば、株式の割合をかなり抑えた運用になっているので問題ないのではないか」と受け止められ

ライフサイクル

ライフサイクルとは、人生をいくつかの段階に分けて考えることであり、年金との関係では現役世代と定年後のシニア世代で分けることが一般的。現役世代では将来に向けた資産形成を行い、定年後はその資産を受け取るという人生のサイクルを前提にアプローチする。

る人もいると思います。これは正しいです。ただ、ここではより長期の投資を視野に入れていること、また、ターゲットイヤータイプの中で見分けるのは初めての人にとって少し難易度が高いと思い、あえてターゲットイヤータイプすべてを対象外としました。

ターゲットイヤー（ターゲットデート）型の見分け方

- 「ターゲットイヤー」、「ターゲットデート」という記載
- 運用の最終的な出口の年代をイメージする2060といった西暦の記載
- どの世代の投資に向いている商品なのかを示すために、2000世代とか2010世代という記載があるものもあります

株式を含む複数の資産を組み入れる「複合資産型」のまとめ

ＮＩＳＡつみたて投資枠において、株式を含む複数資産で採用されている商品には、すでにお話しした3つのパターンには収まらない商品もいくつかあります。ただ、大方の商品は3つのパターンでカバーできており、また、私たちが目的としている「どういう商品を用いればいいの？」について考えるうえでは、これらで十分です。

図表：ターゲットイヤー（ターゲットデート）型の資産配分のイメージ

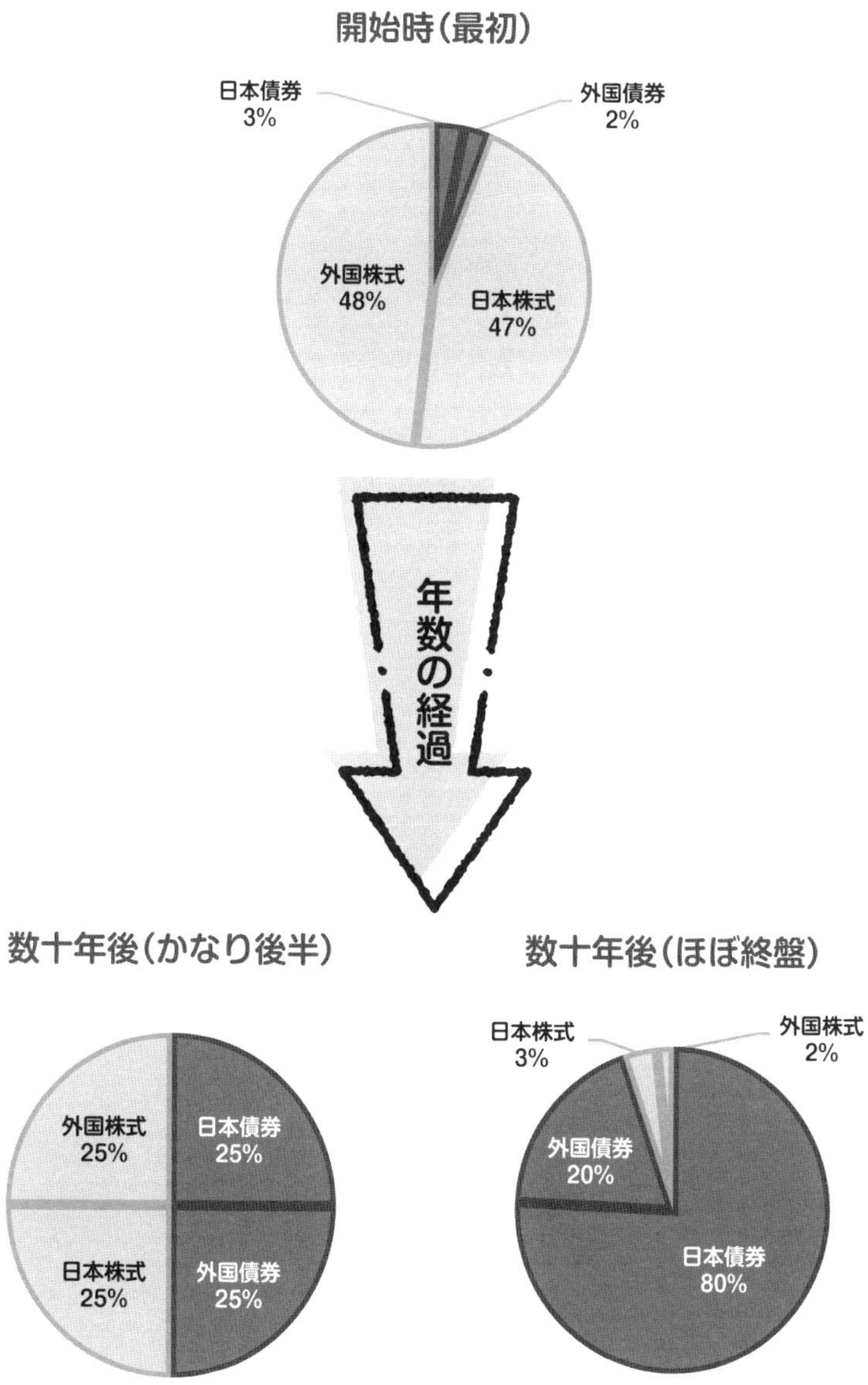

後ほども説明しますが、複合資産型であっても株式の割合がかなり高いものであれば、株式型の商品を利用すればいいことはすでにお話ししました。これにより、投資に積極的な資産配分やターゲットイヤー（デート）型の商品であれば、株式型で代替できます。

逆に言えば、株式型との比較で複合資産型の特徴を活かす観点からすると、**価格の安定性が高い債券をしっかりと含んでいるもの**になります。具体的には、債券が半分近く含まれている均等配分型、また、さらに債券の割合が7～8割を占める保守型や安定型と呼ばれるタイプがあります。

次章では、どういった人にはどのような商品が向いているのかについてお話しします。その際の切り口として、ここで見た債券が半分程度入っている商品、また、債券の構成割合が7～8割とかなり高い商品は、価格の安定性を重視する人や世代にとって有用なものになります。そのための布石も込めて本章では説明をしてきました。

ここでは、NISAつみたて投資枠に採用されている複合資産型の商品を3つのタイプに大別しました。その中で、複合資産型の特性を活かせるタイプとして、債券が半分近く入っているものは**均等**

図：複合資産型でお話しした全体像

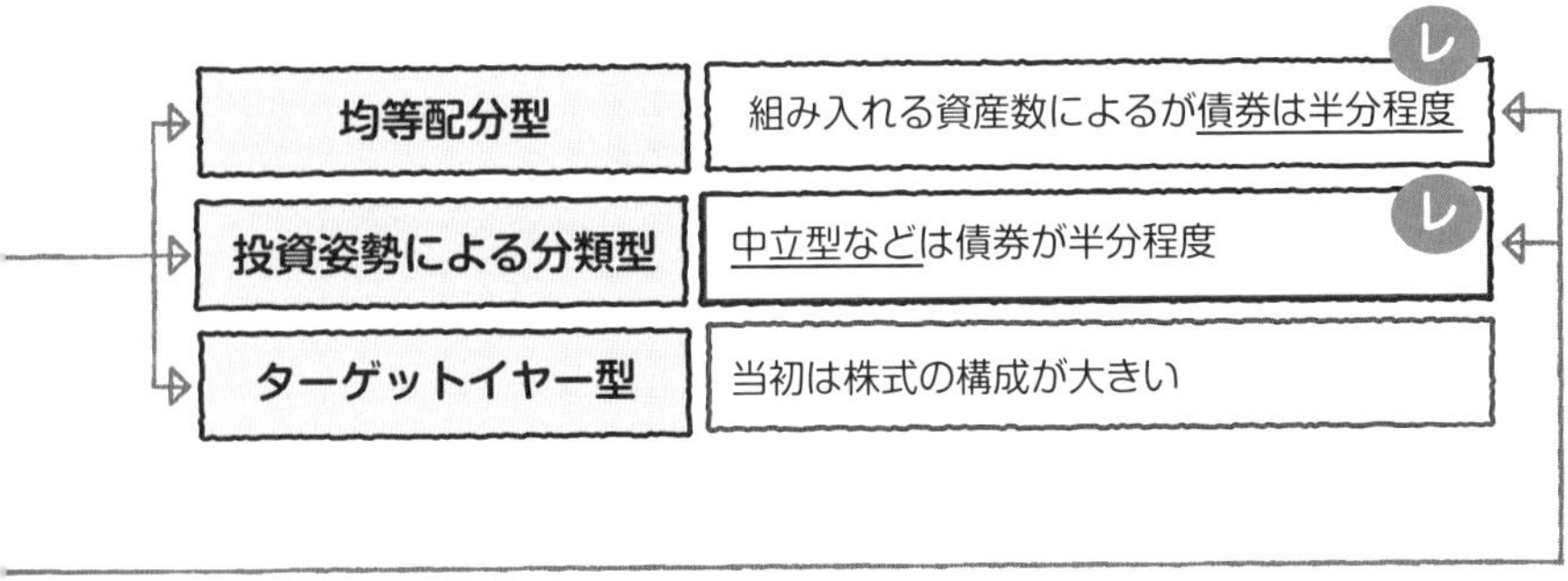

均等配分型
組み入れる資産数によるが債券は半分程度
レ
投資姿勢による分類型
中立型などは債券が半分程度
レ
ターゲットイヤー型
当初は株式の構成が大きい

配分型と、積極性でレベルを分類したシリーズ物の中の**中立型**や**安定成長型**といったタイプに多いことを知っておいてください。

また、**債券の構成割合がかなり高いもの**は、同じく積極性でレベルを分類したシリーズ物の中で、**安定型**とか**保守的**といったものであることを覚えておいてください。

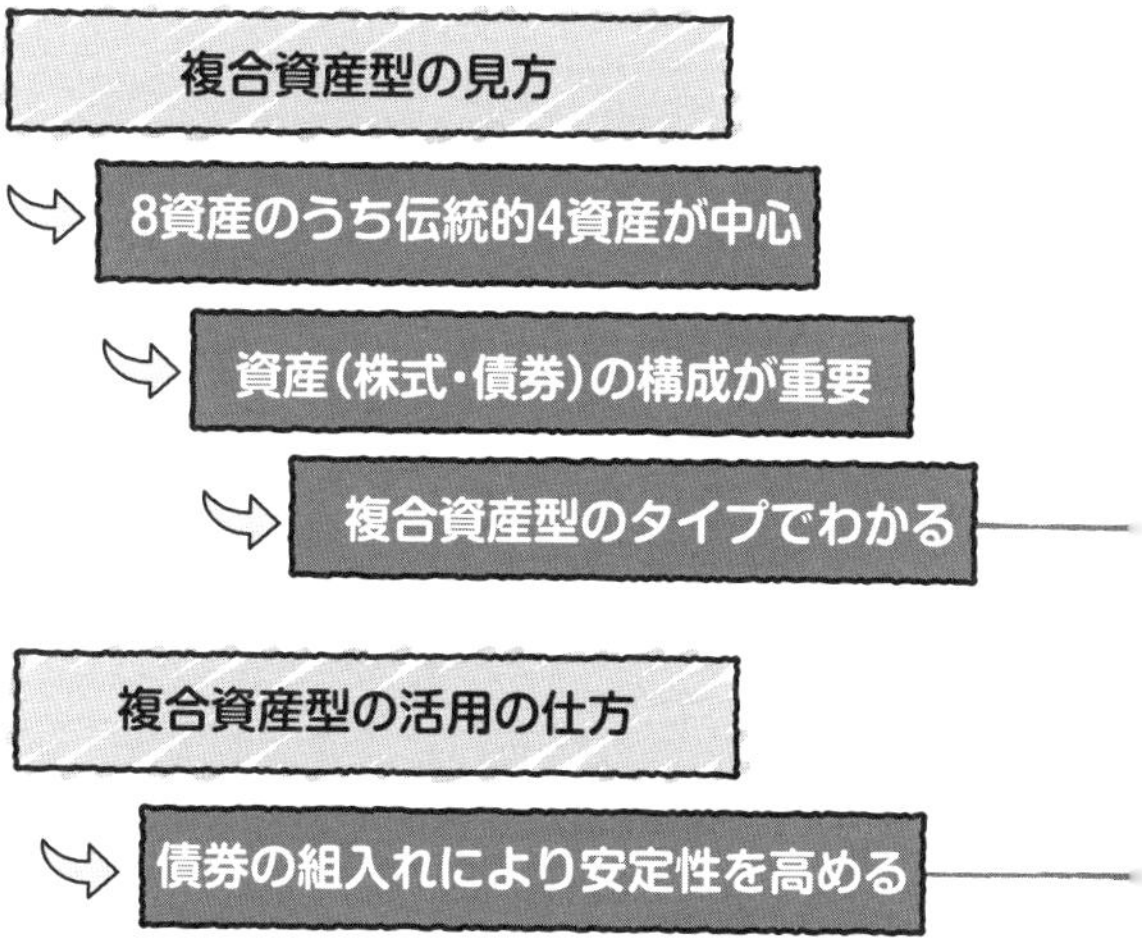
複合資産型の見方
8資産のうち伝統的4資産が中心
資産（株式・債券）の構成が重要
複合資産型のタイプでわかる
複合資産型の活用の仕方
債券の組入れにより安定性を高める

8 どういう人に何が向いているのかを整理すると、タイプ別の商品が見えてくる

それでは、タイプ別に向いている商品を見ていくことにしましょう。前々章の「株式型」、前章の「複合資産型」の説明は、ここでどういう人には何が向いているのかを照らし合わせるための整理として説明してきました。

車でも、若い時にはスポーティタイプや節約志向のミニタイプ、小さいお子さんがいる家庭であればワンボックスタイプのファミリーカー、シニアになれば落ち着いたセダンというように、人のタイプに合っている車のイメージはあります。もちろん、個人の嗜好はそんなに単純で一律ではないので、すべての人に当てはめるつもりはありませんが、基本分類のようなものです。ここでは、こういった目線で、多くの人に当てはまりやすい基本分類をお示しします。

NISAつみたて投資枠には全天候型に商品が用意されている

最初に確認しておきたいこと、それは、NISAつみたて投資枠では、長期の資産形成に向いている商品という目的を絞っていますが、その目的の中では多くの人に合わせることができる商品が用意されていることです。逆に言えば、その中から**自分に合った商品を選んでいく余地が残されています**。

まず、制度として従来までは20年間という運用期間の縛りはありましたが、新NISAからは**利用期間の制約は完全になくなります**。また、18歳以上であればいつでも利用でき、年齢の上限もなく何歳になっても利用できます。長期に時間をかけて資産形成することを考えている人は「**誰でも**」、「**いつでも**」、「**いつまでも**」利用できる制度であり、そのための商品が用意されています。平たく言えば、**20歳向けの長期投資の商品はもちろんありますが、60歳向けの長期投資の商品もあるということです**。

これらの商品は、分類する目的によっていくつかの切り口で整理できます。たとえば、**対象となる国・地域によって成長性や特徴が違うので、その点を切り口に考える**。また、**分散効果の観点から組み入れる資産の数にこだわる**。さらには**収益性の違いを重視したいので、株式資産の割合で比べてみる**。そうではなくて、とにかく費用を抑えたいので**費用を最優先して比べてみる**など、色々な区分や比較の仕方があります。

これらの中で一番多く用いられている分類は、**期待する収益性（裏を返せば価格の変動の大きさ）を基準に分類すること**です。それは、運用する人にとって一番気になる大切なことは、**収益性や価格の変動だからです**。そして、これは**どういった資産をどれくらい組み入れるのかによって定まってきます**。特にインデックス運用であれば、独自に銘柄を選ばないので個別銘柄の影響はないため、対象とする資産や市場の成長性がすべてになります。分かりやすくもありますが、どれを選ぶのかによってすべてが決まるので、重要なポイントでもあります。

そして、この価格変動や成長性の視点（商品を見る場合には株式や債券の割合）に最もフィットするのは、現役世代とかシニア世代といった**世代の違いを切り口に考えることです**。

商品選びを考える基本形：世代に合わせたタイプで考える

現役世代、特に若い世代であればあるほど、時間を味方に長期間の運用ができます。それであれば細かい商品をあれこれ考える必要はありません。**収益性が高い「株式型」の商品から選べばいいです**。それに対してシニア世代の選択肢としては、もう少し安定した運用を志向してもよいでしょう。これは「いい歳なのだから株式はやめておきなさい」というほど明確に線引きするものではありません。

一般的に、年齢が進めば運用の安定性を重視したほうがよいとされるからです。シニアでは自分で稼ぐ力が乏しくなるので、リカバリーしづらいため無理はしないほうがよいとか、時間を味方につける余地が若い時よりも少ない（つまり、将来に残された時間は若い時よりも少ない）ので、それに応じてリスクも減らすべき、という考え方が背景にあります。ただ、絶対にそうすべきというものではありません。

この考えを背景に、世代を切り口として、それに合った商品のタイプを選ぶのが基本軸です。この基本軸に対応する資産を考えていきます。結論から先に書きますが、**若い世代であればそれほど深く考えることなく「株式型」で十分です。**シニア世代であれば、**株式だけでなく債券もしっかりと組み入れたものになります。**冒頭に「全天候に向けた商品が用意されている」と書きましたが、ＮＩＳＡつみたて投資枠には、これらのいずれにも対応する商品も用意されています。

しかし、これでは一つの切り口だけの紋切型にすぎないので、ここに第二軸として新たな軸を加えます。それは投資への**理解度（リテラシー）や信頼感、知識や経験に基づく積極性や前ののめり感です。**もっと平たく言えば、運用をすることはいいと思うけれど、それでも少し怖いとか、徐々に緩やかな価格変動のものか

図：各世代と対象資産のイメージ

	基本形		期待される収益（数字はイメージ）	価格変動
若い世代	株式型		高い(5%程度)	大きい
シニア世代	複合資産（中立・均等）		ほどよい(3%程度)	中くらい

ら始めたい、初心者マークでスタートしたいといった人のための選択肢を加えます。それは、基本軸からもう一段ギアを下げた安定・安全モードにシフトするものです。

具体的には、現役世代で株式運用中心にしてもよいところを、シニア世代が行うような安定性を重視した運用にする。またシニア世代であれば、さらに安定性を高めた運用を行うというように、基本軸からもう一段リスクを抑えた運用を行うことです。これにより、投資に不安な人の抵抗感を和らげることができます。

私が提案する、NISAでつみたてはこの考えです。そして、この考えに対応する資産をあらためて示すと表になります。それぞれに、株式型のケース、安定性を考慮したケース、より保守的なケースにはどのような資産配分が向いているのかを示しています。

それぞれの具体的なタイプと、基本的なおすすめ商品タイプ

何度もお話ししていますが、NISAつみたて投資枠に登録されている商品は一定の条件を満たしているので、**どれも資産形成を行うにあたって的外れの商品はありません**。そのうえでさらに、運用する側から見て、分かりやすくて代表的

図：各世代と対象資産のイメージ（安定・安全モードにシフト）

	基本形	すごく心配	期待される収益（数字はイメージ）	価格変動
若い世代	株式型	株式	高い（5%程度）	大きい
シニア世代	複合資産（中立・均等）	複合資産（中立・均等） 株式 債券	ほどよい（3%程度）	中くらい
		複合資産（安定） 株式 債券	低い（1～2%程度）	小さい

なものをあえて切り出してお示しします。こういった背景もあるので、私が選ばなかったものや対象外にした商品が悪いものではないことは繰り返しお話ししておきます。私のお話ししたスタンダードな基準に照らしてよいと思われるものを意識的に取り上げます。

若い現役世代であれば「株式型」で、バランスよく世界の国・地域が分散されているものがよい

では、「株式型」からいきましょう。そもそもＮＩＳＡつみたて投資枠では株式を対象とする商品であることが定められているので、ここにはたくさんの商品があります。今一度、ＮＩＳＡつみたて投資枠にある株式を対象とした投資信託を大別してみると、次のようになります。

- **日本、米国など、特定の国を対象としたもの**
- **先進国全体を対象としたもの**
- **新興国全体を対象としたもの**
- **全世界として、先進国、新興国の両方全体を対象としたもの**

これらの中で、私たちが身近に感じるのは日本の株式であるとか、採用数が多い外国（先進国）の株式を対象とするもの、はたまたＩＴなどで世界をリードする企業が圧倒的に多い米国の株式ではないでしょうか？

そういった中で私がおすすめするのは、「**全世界の株式**」を対象とするものです。代表的な指数では**ＡＣＷＩ**（オールカントリー・ワールドインデックスの略）です。これがどうしてよいのでしょう？**それはシンプルに全世界を対象としているからです**。日本も含めた先進国が中心となっていて、ブラジルなどの新興国も入っています。世界の成長を享受できて幅広く分散して投資するので、株式で運用することの目的を最大限に生かしているものになります。

ネット上でも、「幅広く世界の株式に投資するものを選んでおけばよい」というコメントが多数見ら

図：世界の経済成長率（予測）

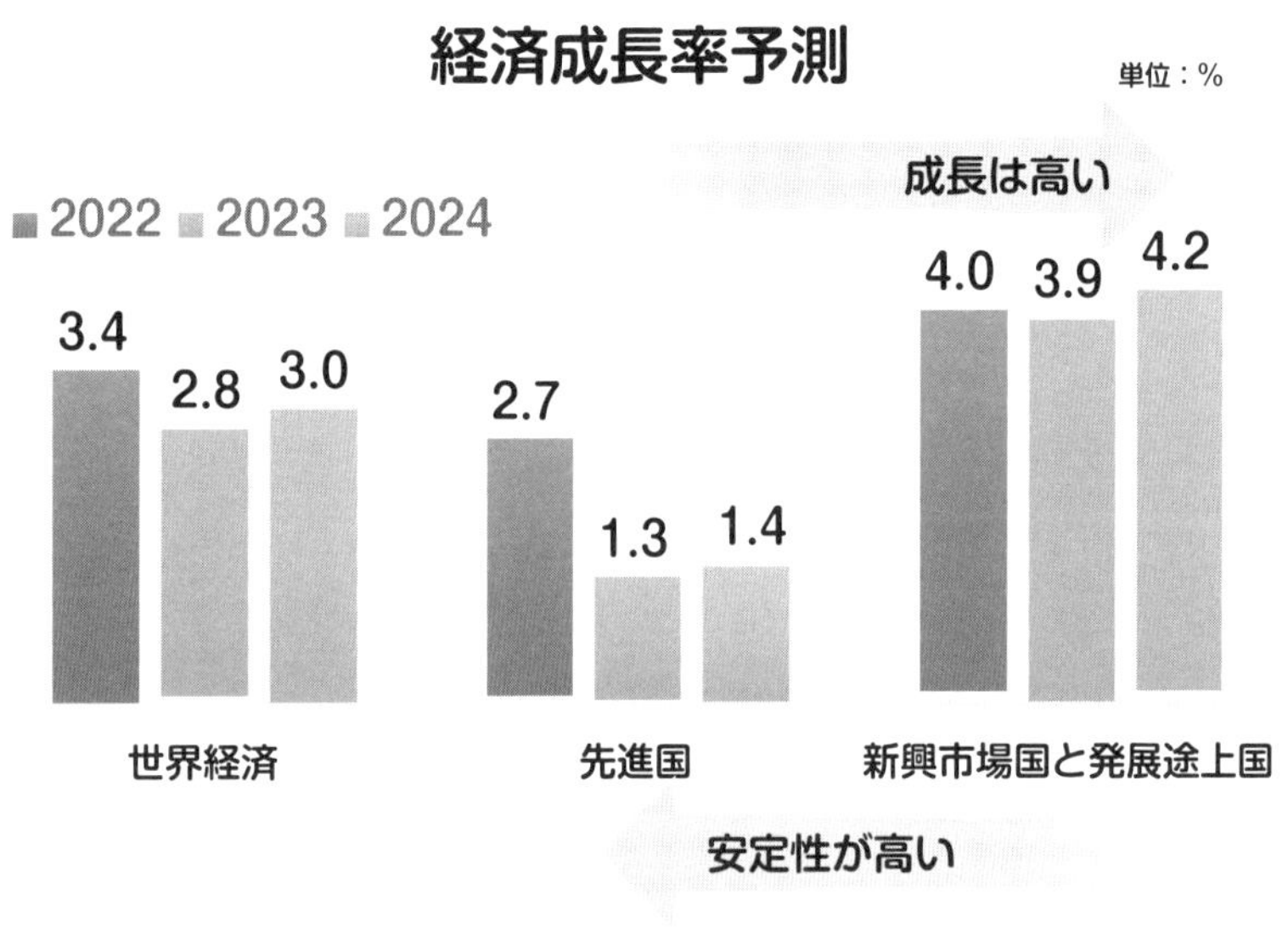

※ IMF 2023 年 4 月調査より筆者作成

れます。この点では私も同感です。

この対極にあるものとして、日本株式を対象とするものがあります。私たちにとって身近なものですが、**世界の成長を享受し損ねる可能性があります**。日本が大好きとか日本の将来性を期待しているのであればそれを選べばいいのですが、そういった見方がないのであれば、狭い一国よりも幅広く世界に投資することを選んだほうがよいでしょう。

また、新興国の株式だけを投資対象とするものもありますが、**成長性は高いけれど安定性が乏しい**ので、私はあまりおすすめできません。新興国株式には以前はロシアの株式も結構な割合で入っていましたが、ウクライナ紛争が起こって取引ができなくなったために、対象から除外されました。このように、経済だけでなく政治体制や地政学のリスクを抱えている地域も多いのが新興国です。

このように考えると、代表的な指数でおすすめする順番は図のようになります。株式型を選んでいる時点で、すでに高い収益性を目指していることになります。そのうえでさらに数か国に絞るよりも、**対象をできるだけ分散することで多くの国・地域から得られる収益を安定的に確保することを目指すのです**。

図：すでに高い収益性の株式を選んでいるのだから、そこでは安定性も確保

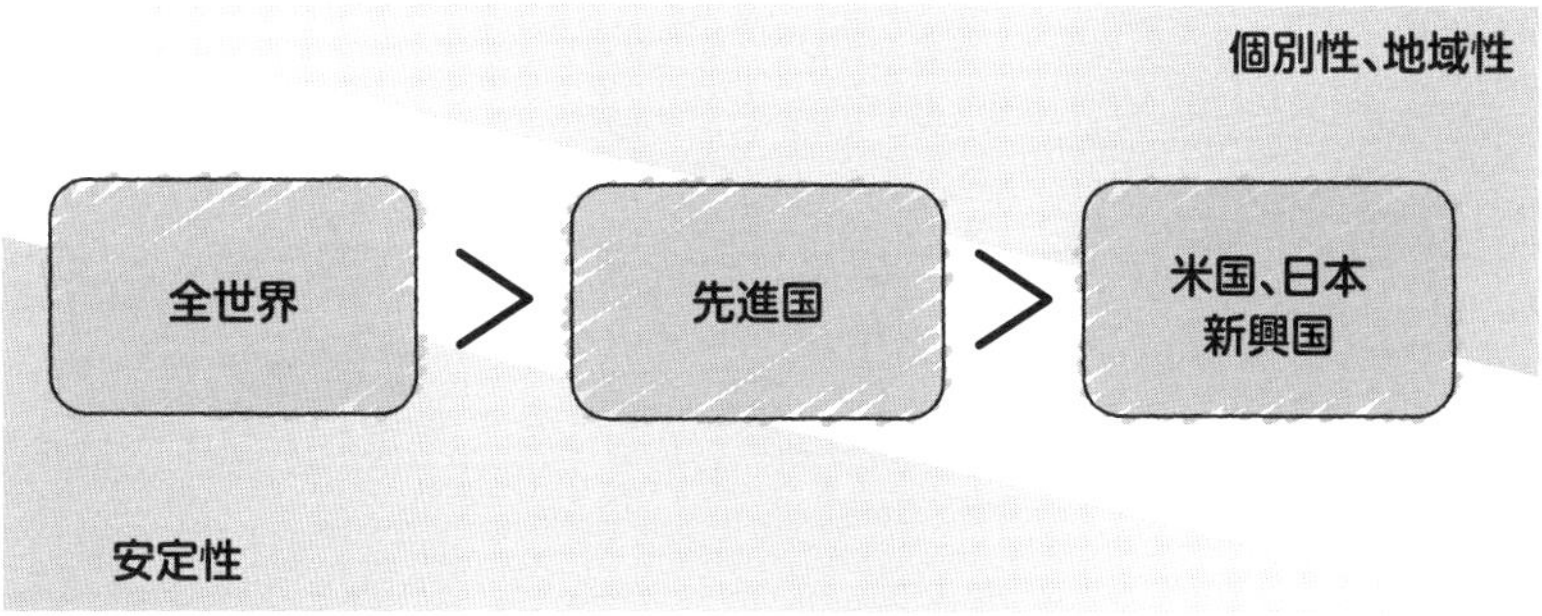

投資信託名	運用会社
たわらノーロード　全世界株式	アセットマネジメント One
Tracers MSCI オール・カントリー・インデックス（全世界株式）	日興アセットマネジメント
はじめての NISA・全世界株式インデックス（オール・カントリー）	野村アセットマネジメント
eMAXIS Slim 全世界株式（オール・カントリー）	三菱 UFJ アセットマネジメント
つみたて全世界株式	三菱 UFJ アセットマネジメント
Smart-i Select　全世界株式インデックス	りそなアセットマネジメント

全世界を対象とする株式型で代表的な投資信託

2023年7月時点のつみたてNISAの対象商品としては、17商品が掲載されています。しかし、その中には「日本除き」や「米国除き」が入っており、これらを除くと11商品になります。

ここからは私見も入っていますが、その中からさらに運用管理費用0.5%以下、**ETF**を投資対象の中心にしていないものに絞ると、代表格の商品は表の6つになります。

これらは費用もかなり低く、そして、自分たちで多くの国に投資をしています。ETFを用いて運用しているものは、投資信託の器でさらに外国の運用会社のETFに投資するという二重構造になっており、見えない費

ETF

ETF（Exchange Traded Funds）とは、証券取引所に上場し、日経平均株価指数などに代表される、市場の動きを示す指数との連動を目指す上場投資信託。ETFのメリットとして、①取引のしやすさ、②低コスト、③商品の透明性が挙げられる。

用等がかかりやすいです。全く同じ例ではありませんが、自動車や家電製品でも、ラインアップを整えるために他社メーカー製品のＯＥＭ供給を受けて自社ブランドで販売することもありますよね。そのため修理であるとかメンテナンスは他社任せになってしまいます。

それに対して自分で運用していることは、何かあった時に対処できるなど、運用面の信頼性が高いです。また、上記ファンドの中には外国でも保有している株式を貸し出すことによる収益の積み上げを検討するなど、自らが運用しているからこそできる取り組みを検討しているところもあります。こういった視点から、私であればできるだけ自分で投資している運用商品を選ぶと考え、表の6商品にしました。

特にその中でも、**三菱ＵＦＪアセットマネジメントが運用するeMAXIS Slim全世界株式（オール・カントリー）**は、最低水準の費用にすることをうたっていますので、費用面での安心感も高いです。

図：今回、代表的な商品として選んだ考え方

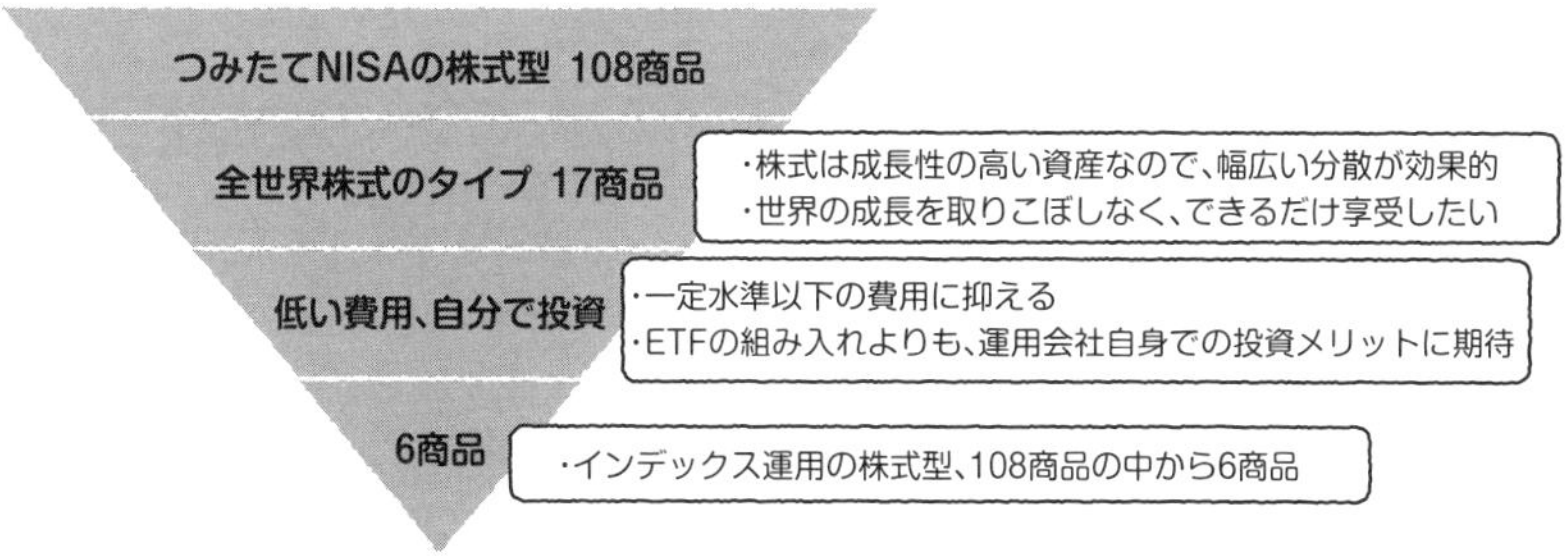
つみたてNISAの株式型 108商品
全世界株式のタイプ 17商品
・株式は成長性の高い資産なので、幅広い分散が効果的
・世界の成長を取りこぼしなく、できるだけ享受したい
低い費用、自分で投資
・一定水準以下の費用に抑える
・ETFの組み入れよりも、運用会社自身での投資メリットに期待
6商品
・インデックス運用の株式型、108商品の中から6商品

コラム

米国のS&P500指数も人気だが…

インデックス運用においては、つみたてNISAに限らず米国の代表的なS&P500指数を対象としたものが人気です。たとえば、インデックスファンドの代名詞となっている三菱UFJアセットマネジメントのeMAXIS Slimシリーズにおいても、最も残高が大きいのはS&P500指数を対象とした投資信託です。**残高**は2023年央では2兆円を優に上回っています。

米国は世界をリードする革新的な企業、テスラのような会社が次々と生まれ、経済も好調なので、株式においても米国を対象とした指数は実際にパフォーマンスもよいです。ネットの世界では、投資するのであればこの商品を挙げる人も多いようですし、良好なパフォーマンスを背景に**大幅な資金流入**が続いています。

私は、全世界株式と米国のみの株式のどちらがよいのかを競うつもりはありません。これからも米国が世界をリードすると考えるのであれば、米国に限定した指数でも問題ないと思います。その可能性も十分にあります。

私としては、株式に投資していることにより、すでに高い収益性を目指しているのだから、できるだけ**分散効果を利かすこと**を意識する観点で、全世界株式でもいいのではないかとの考えに立っています。20年、30年とかなりの長期で投資することを前提にすれば、現時点では見通せないことも起こるかもしれません。**分散投資とは、そういった想定外への対処のために行うものでもあるからです。**

ちなみに、全世界株式の指数には米国の割合が6割程度入っていますので、この指数に投資をしても半分以上は米国への投資になっています。

S&P500指数
米国の株式市場を代表する指数であり、年金を運用する機関投資家などに広く用いられている指数。工業株を中心に主要な500の株式を時価総額で加重した指数であり、幅広い企業を対象にしていることから、株式市場全体をよく表しているものの一つとされている。

残高
その投資信託がどれくらいの金額の大きさになっているのかを表すもの。多くの人がその投資信託にお金を振り向けて購入すると残高は大きくなる。また、その投資信託に組み入れられている企業の株式などの価格が上昇すると、それに応じて残高も大きくなる。

大幅な資金流入
資金流入とは、その投資信託を売るよりも買う金額が上回ることをいう。一般的には、多くの人が買うことにより生じるので、その投資信託は人気があるとか注目されていることの表れとしてみられることが多い。

シニア世代では安定性を考慮し、株式と債券のバランスがポイント

若者を含め、現役世代に向いている「株式型」のケースは、ここからお話しするシニア世代の安定性を考慮したケースと比べると説明しやすいものでした。それは、対象資産は決まっているので、その中で何を優先するのか、その答えとして長期投資を目指す多くの人にとっては分散効果のよいものを考えればよかったからです。

それに対して安定性を考慮したケースでは、株式だけでなく、複数資産の中でどういったものが適しているのかを考えることになります。複数資産の場合は組み入れる資産の数に違いがあり、また、その組み入れ割合によって「商品性＝期待される収益性や価格変動などの特徴」が違ってきます。ここで私たちにとって見るべき点は特に後者の影響、つまり**資産の数よりも株式と安定資産である債券のバランスが取れていることが重要になってきます**。これは前章において、投資する側から見た複数資産の見分け方のポイントとしてお話ししました。

ＮＩＳＡつみたて投資枠の投資信託において組み入れる資産は、株式に加えて債券やリートになります。その中で中心的なものは**伝統的４資産**です。また、価格変動の大きさの観点で投資対象国・地域や資産を見た場合には次のようになります。国・地域では、日本よりも外国、外国の中でも新興国になるほど価格変動は大きくなります。資産では、

債券が一番に安定していて、リート、株式となるにしたがって価格変動は大きくなります。これが基本的な構図です。組み入れる資産や組み入れ割合によってどのような違いが生じるのかを考えるうえで、第7章でお示ししたこの基本構図をしっかりと頭に入れておきましょう。

シニア世代のスタンダードは債券が半分のイメージ

現役世代に向いている「株式型」の運用と比べ、シニア世代の基本形である安定性を考慮した運用はどのようなことを想定すればいいのでしょう？　一般的にざっくりとした物差しとして、**株式は収益率が年率5％程度、価格変動性が同20％程度の資産と捉えることができます。**これは20年間近く長期で運用すると、理屈での計算上も1985年以降の実際の数値でも、ほぼ全員の収益がマイナスにならない性格のものであることをお話ししました。

それに対してシニアで20年間は少々長すぎます。**債券も組み入れることで、株式のみよりは低い3％程度の収益性を期待するこ**

図：主要な資産と国・地域ごとの収益と価格変動の大きさのイメージ

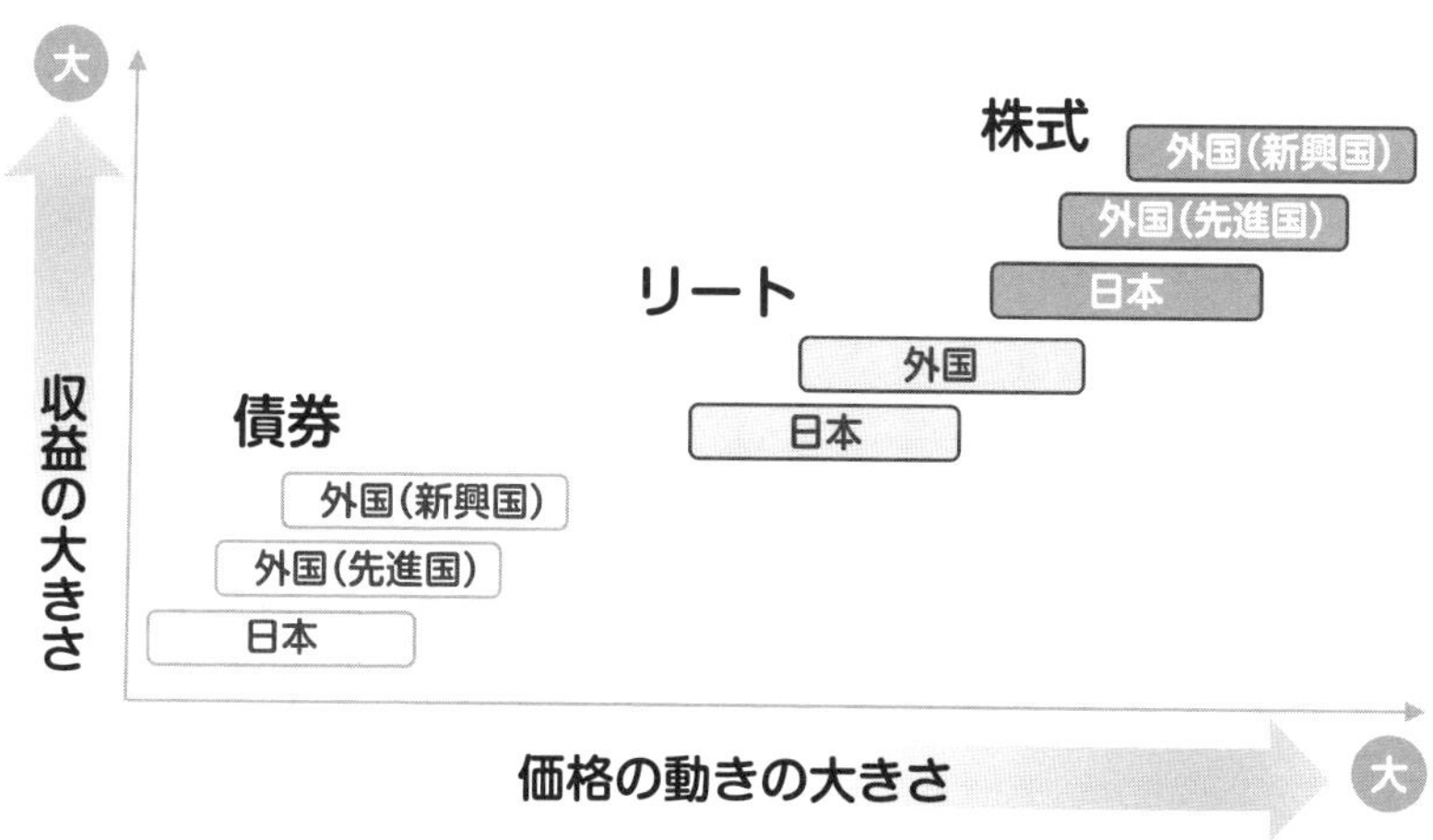

とがよいでしょう。 ３％と言えば世界経済の成長率程度であり、私たちの身近な運用でも目指すことができます。

私がお伝えしたい安定性を考慮した運用とは、こういう**現実感のある水準を目標にし、一時的な評価損が発生した場合でもその大きさを我慢できそうな範囲に抑えること**を想定しています。これを実現するための資産構成の例として、株式のみの「株式型」に対して「債券を半分程度」組み入れたものになります。最も分かりやすい例では、**伝統的4資産を均等に配分したものになります。**

NISAつみたて投資枠の「複合資産型」のタイプで分けてみると

前章では、複数資産を組み入れる複合資産型の資産配分を大別すると、均等配分を行うもの、積極型から保守的な運用までをシリーズとして最適な配分を行うもの、そして、ライフサイクルに則したターゲットイヤー型の３タイプがあることをお話ししました。

その中で、債券の割合が高いものは「均等配分」を行う商品と、投資姿勢で分類して「積極型から保守的な運用まで」をシリーズとして提供している商品の中にあることをお話ししました。ちなみにターゲットイヤー型では当初は株式の割合がかなり高いので、それであれば株式型でも十分ということもお示ししました。

ここでは、それらにおいてシニア世代向けに安定性を提供する具体的な商品選びを考えます。ここでいう安定性とは、**債券が半分程度は組み入れられている商品**になります。これを各タイプの中で言えば、次のようになります。

- **均等配分のタイプ：特に伝統的４資産の均等配分**
- **投資姿勢の分類タイプ（積極型から保守的な運用まで）シリーズ：中立型とか安定成長型**
- **ターゲットイヤー型：当初は株式の割合がかなり高いので対象なし**

各商品タイプの中でこれらに当てはまるものを選び、最後に念のため目論見書にうたっている資産配分を確認すれば完璧です。

私が確認したものとして、各タイプ別にどれくらいの商品数があり、その中で今、探そうとしている商品がどれくらいあるのかについてお示ししたのが次の図になります。

図：安定性を考慮した運用とは

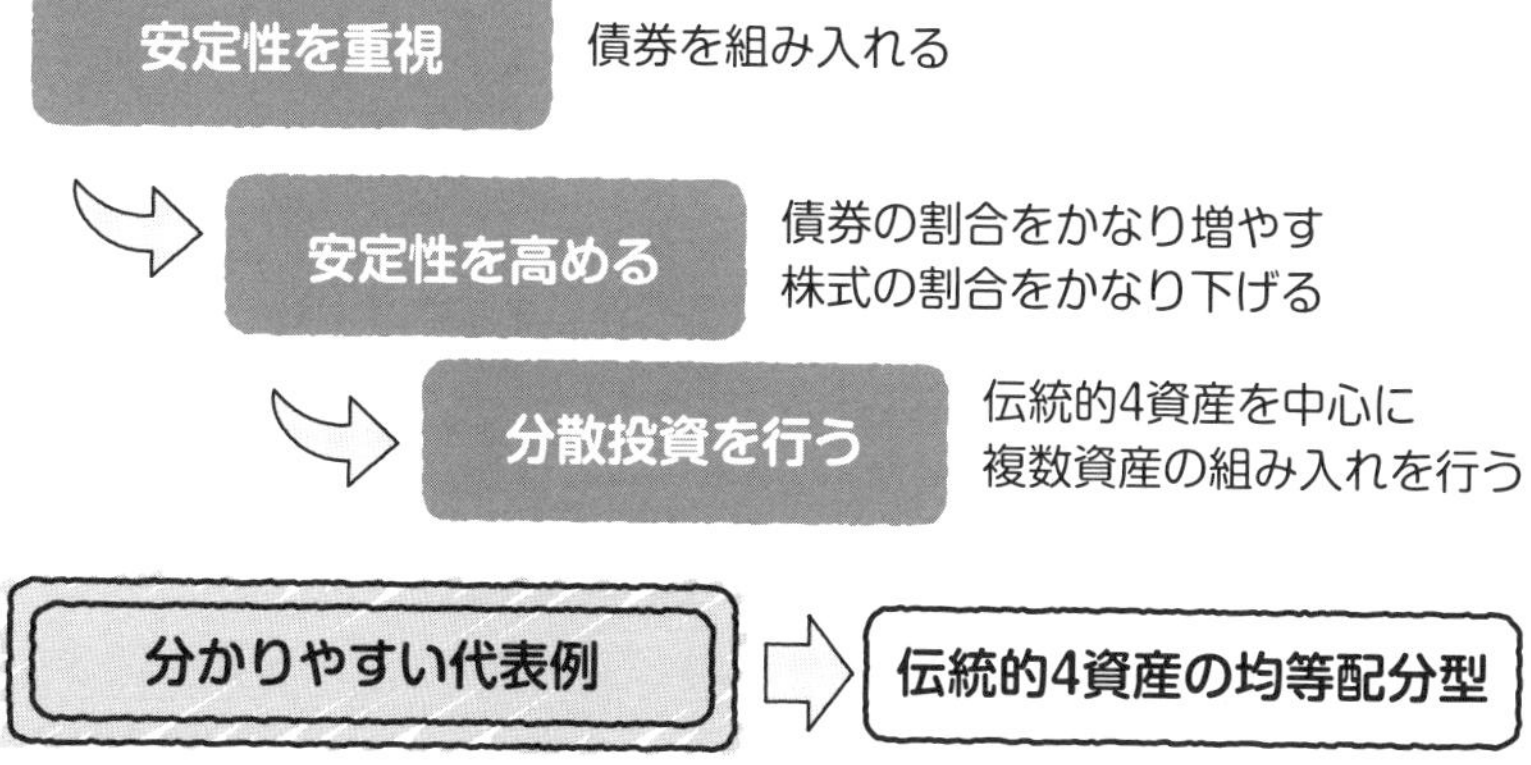

安定性を重視
債券を組み入れる
安定性を高める
債券の割合をかなり増やす
株式の割合をかなり下げる
分散投資を行う
伝統的4資産を中心に
複数資産の組み入れを行う
分かりやすい代表例
伝統的4資産の均等配分型

図：均等配分のタイプ

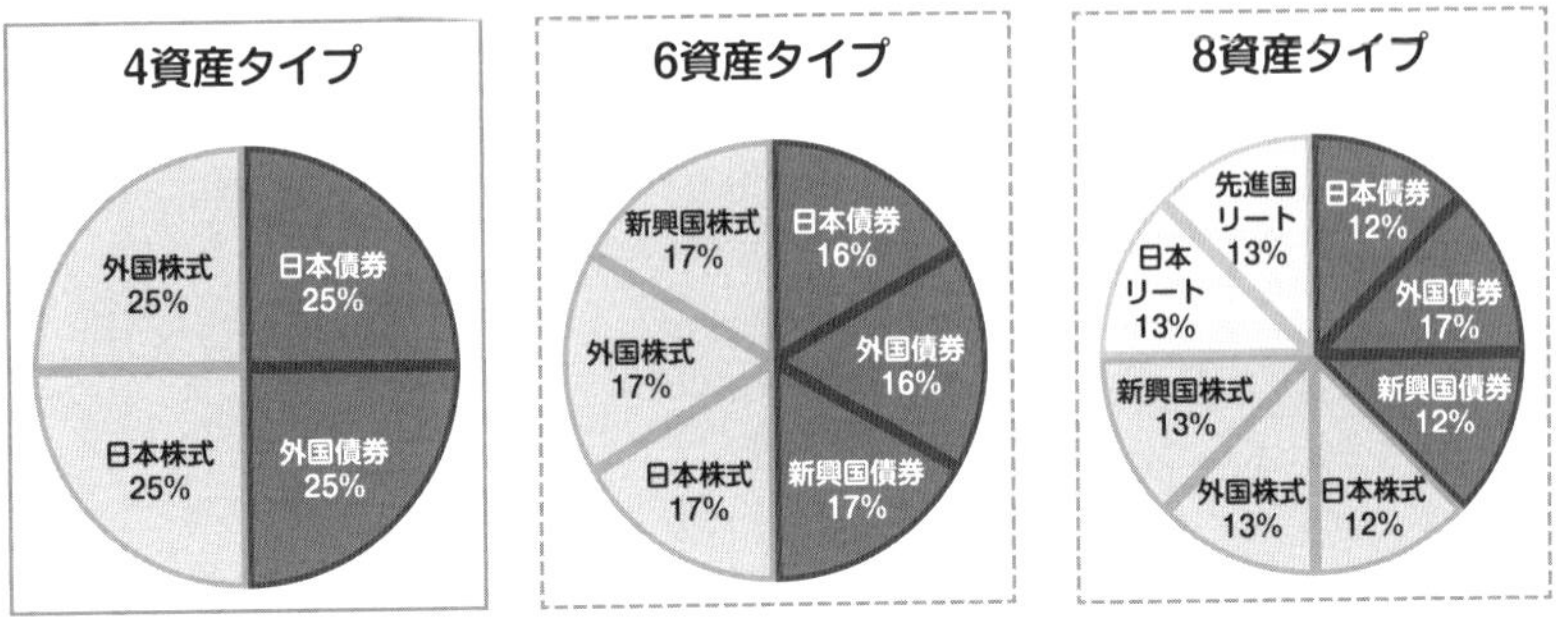

図：投資姿勢の分類タイプ（5シリーズの例）：中立型とか安定成長型

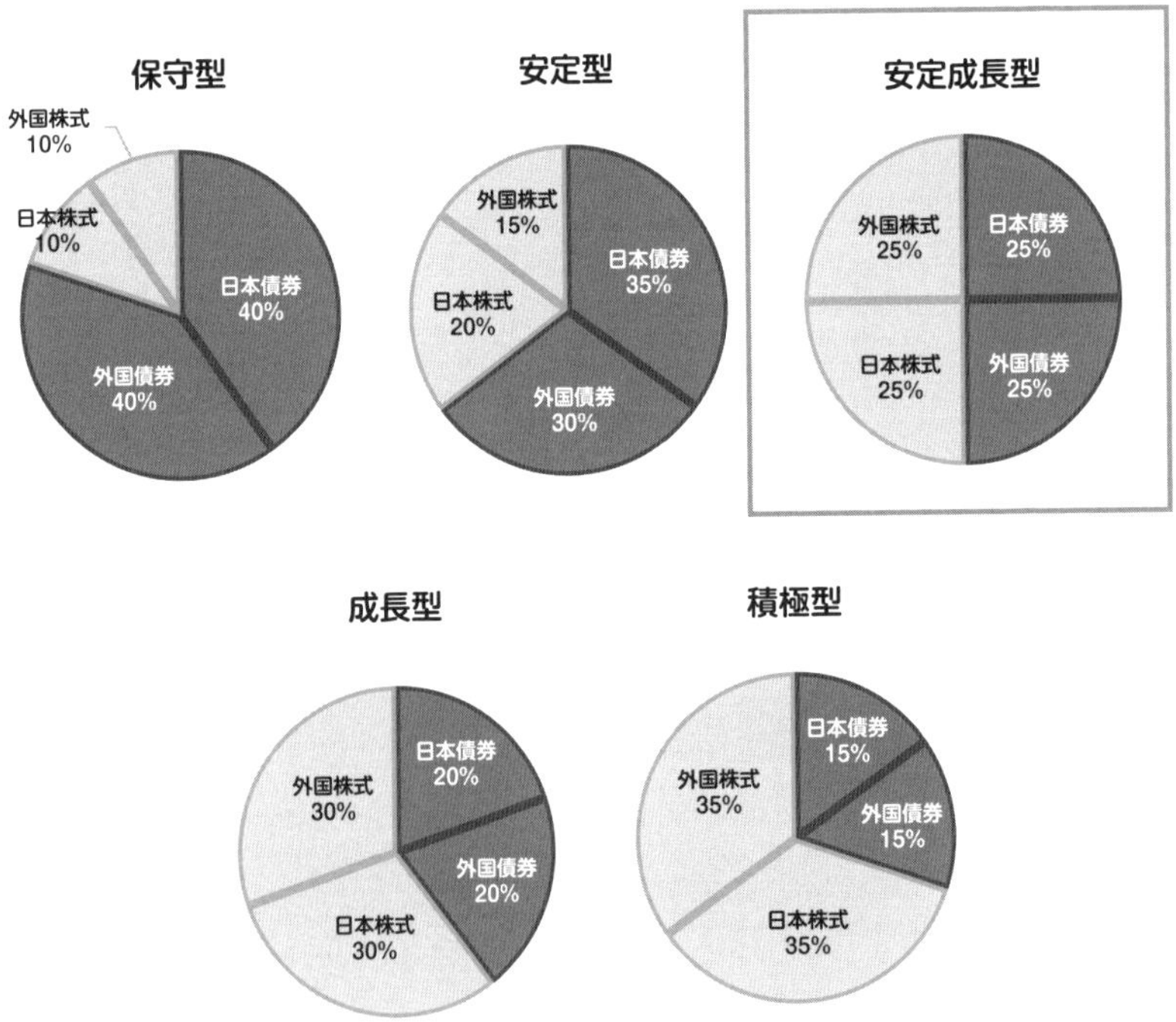

ここまでお話すれば自分で探すこともできると思いますが、実際にどういった投資信託があるのかピックアップしておきます。最終的に自分の目指す投資信託に辿り着くのは本当に難しいです。探すのに疲れてしまって、諦めては元も子もありませんし、最後の最後で目的に沿っていない投資信託に辿り着くのも残念です。「金融経済教育推進機構（仮称）」のもとで近いうちに、投資助言業を持っていなくても、ＮＩＳＡやｉＤｅＣｏなど特定領域の投資信託についてアドバイスできる制度ができると言われています。ここではこれ以上の込み入った見分け方までは触れませんが、本書の切り口がこういうアドバイザーの一助にもなると嬉しいです。

この中における代表的な投資信託としては以下があります

それぞれ、表のどこから選んだものなのか、Ａ〜Ｄを付しておきます。

４資産を対象にしたもの

- **均等型（Ａ）**
- **投資姿勢の分類（Ｂ）**

図：複合資産における、各タイプ別の商品数

指数（資産）数	均等型	投資姿勢		ターゲットイヤー型		その他
			シリーズ数		シリーズ数	
2	0	3	1	0	0	5
3	1	0	0	0	0	5
4	4 A	10	3 B	6	2	1
5	0	0	0	0	0	2
6	2 C	3	1	7	1	6
7	0	5	1	0	0	2
8	7 D	20	5	7	2	3

※金融庁 HP より筆者作成　2023 年 7 月時点

- 6資産を対象にしたもの（C）
- 8資産を対象にしたもの（D）

保守的なケースとは？　保守的に合った商品の特徴

もう一つの選択肢である、「より保守的な」人に対してのものです。特にシニア世代を意識して用意するものです。

ここまでの話を振り返ります。若い世代は将来に向けた多くの時間を味方に大きなリスクを受け入れられるので、価格変動はあるけれど収益性の高い株式中心の運用ができます。それに対して、シニアになるほど価格変動の影響を受け入れる余地は小さくなるので、**株式だけでなく価格の変動が小さい債券も加えて、安定感を高めた運用をすることを基本形にするものです**。その考え方や適している商品についてお話ししてきました。

ただ、これだけですべてのニーズを満たすことはできません。一方で、色々なことを考慮し続けると複雑になりすぎてしまいます。そこで、ここではさらに考慮すべき点の代表格として一つ付け加えます。それは**運用に対する不安や抵抗感です**。どの世代においても、運用という「不確実なものへの心理的な抵抗感」を持つ人がいます。この点を考慮し、すでにお話しした「世代による価格変動リスクの受け入れ度合い」の基本軸に

・均等型　4資産を対象にしたもの（A）

投資信託名	運用会社
JP4資産均等バランス	JP投信
＜購入・換金手数料なし＞ニッセイ・インデックスバランスファンド（4資産均等型）	ニッセイアセットマネジメント
eMAXIS バランス（4資産均等型）	三菱UFJアセットマネジメント
つみたて4資産均等バランス	三菱UFJアセットマネジメント

・投資姿勢の分類（B）

投資信託名	運用会社
ダイワ・ライフ・バランス50	大和アセットマネジメント
DCニッセイワールドセレクトファンド（標準型）	ニッセイアセットマネジメント

・均等型　6資産を対象にしたもの（C）

投資信託名	運用会社
＜購入・換金手数料なし＞ニッセイ・インデックスバランスファンド（6資産均等型）	ニッセイアセットマネジメント
野村6資産均等バランス	野村アセットマネジメント

・均等型　8資産を対象にしたもの（D）

投資信託名	運用会社
たわらノーロード　バランス（8資産均等型）	アセットマネジメントOne
iFree 8資産バランス	大和アセットマネジメント
SMT　8資産インデックスバランス・オープン	三井住友トラスト・アセットマネジメント
eMAXIS Slim バランス（8資産均等型）	三菱UFJアセットマネジメント
eMAXIS バランス（8資産均等型）	三菱UFJアセットマネジメント
つみたて8資産均等バランス	三菱UFJアセットマネジメント

加えてもう一つ選択肢を加えます。

金融リテラシーが高くないことも含めて、運用への心理的な抵抗感が高いことは、運用としてはより保守的な姿勢になります。たとえば子供が鉄棒をする時に、最初は怖いので腰の高さの鉄棒から始めるようなものです。資産形成のために運用することがよいと理屈では分かったとしても抵抗感が強いので、できれば無理のない慎重なレベルで行いたい人に対してのものです。そのため、資産形成の教科書には適わないかもしれませんが、高い収益性を期待するものではなく、**実際に運用する人の気持ちを優先にした選択肢を考えることになります**。

この場合どのように考えたらいいのでしょう？　色々な提示の仕方があると思いますが、これまでの整理も活かしながら私が提案するものは、各世代で適している運用の考えやそれに応じた商品よりも、**ワンランク保守的な位置づけにすればよいとするものです**。たとえば現役世代であれば株式のみによる運用が基本形ですが、それよりもシニア世代が行う安定性を考慮した運用にすればいいでしょう。

では、シニア世代であればどうでしょう？　シニア世代はすでに安定性を考慮した運用を行っていますが、さらに価格変動を抑えた保守的な運用を志向することになります。これは今までお話ししてこなかったものなので、ここでその商品性と実際のタイプについてお話しします。

保守的な運用とは、安定性を考慮した運用よりも、さらに**価格変動を抑えることによって安心感を高めることを目指します**。そのための最も分かりやすい方法は、**債券の割合をより高めることです**。どれくらい高めるのが適正と言い切れるものではありませんが、安定性を考慮するケースでは債券の割合を半分程度にすることと比較して、**保守的な運用のケースでは債券の割合を7割とか8割にするイメージです**。ピザで言えば全体の4分の3は債券で残りの4分の1が株式など債券以外の資産というイメージです。

これは実際に用意されている商品の中で言えば、積極型から保守的な運用までを3シリーズとか5シリーズとして最適な配分を行うものの中で、伝統的4資産を対象に保守型とか安定型と示されているものになります。

債券の割合がかなり高いので、運用を行うことから得られる収益性は高くありません。計算のための前提によっても違ってきますが、**目標とする収益率は1%台程度**、高くても2%までの水準のイメージです。一方で価格変動も抑えられるので、運用に対して心配な人でもより安心して運用ができます。このように、どの世代に属するのかを基準にした画一的な考え方に固執せず、**運用に関する経験や知識の度合い、運用への抵抗感にも配慮することにより、さらに現実感のある商品の選択ができます**。

そんなに数%でも運用する価値があるのかと思われるかもしれませんが、これこそが大切なことです。たとえば、日銀が足元で目標とし続けている**インフレ率2%が30年続**

図：3シリーズの場合の保守型のイメージ

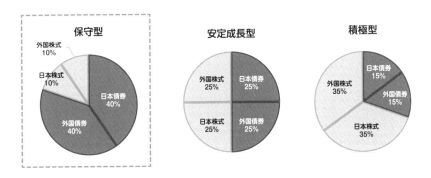

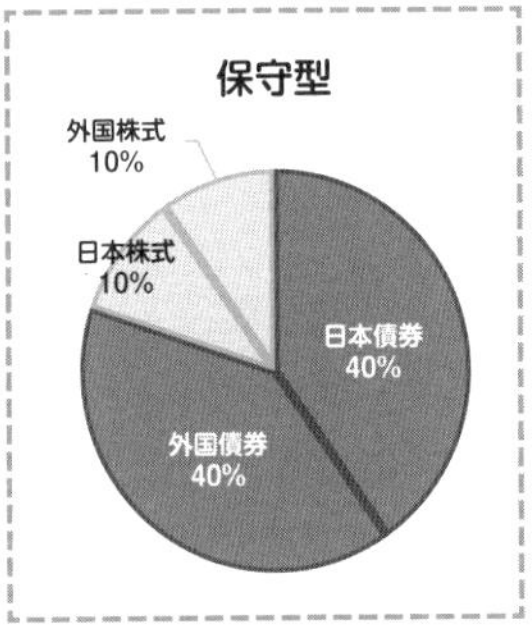

図：インフレ率とお金の目減り

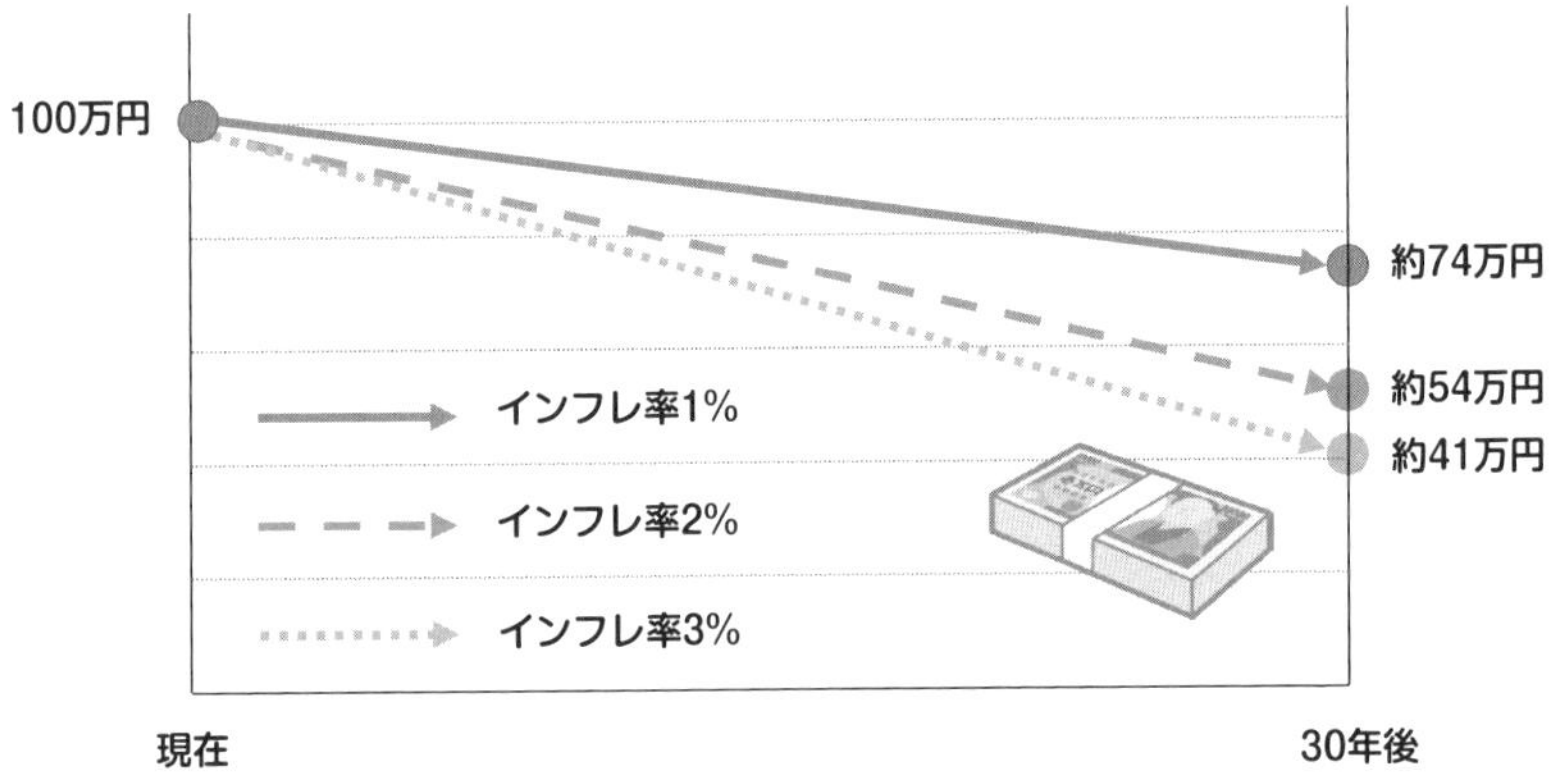

くとどうでしょう？　今100万円のお金は半分近くにまで目減りします。それに対して2％の運用を行っていれば目減りを防ぐことができます。お金の価値は急激に変化することはありませんが、**時間をかけて変化するので、数％であっても運用を行っていることは、全くしていないことと比べると大きな価値があるのです。**

代表的な投資信託としては以下があります

●保守的、安定的な資産配分（B）

債券の割合が大きい商品は表に記載しているもの以外にも、**為替ヘッジ**を付した外国債券を一定割合で組み入れている商品が結構あります。ただ、それらは対象として記載していないので、商品数は少なくなっています。為替ヘッジ付き外国債券も選択肢として魅力的な資産ですが、価格の動きを理解するには少し難易度が高いので、保守的な見地から含めませんでした。また、NISAつみたて投資枠は株式を対象にしていることからもわかるように、そもそも長期の成長性を意識した制度であるため、その逆である、債券が多くて安定性をすごく重視した商品をあまり想定していないことにもよります。

最後に、これは逆の意味でも用いることができることを触れておきましょう。保守的

インフレ率2％が…
インフレにより、モノやサービスの価格が毎年2％値上がりすると、30年間で価格は1・81倍になる。それに対して、お金をそのままにしておくと、そのお金で30年後に買えるのは実質的に半分近くに目減りする（1÷1・81＝0・55）。お金も運用によって、たとえばインフレ並みの年率2％で運用すれば30年後には1・81倍に増えるので、お金の価値（これを購買力という）は目減りせず、同じものが買える。

為替ヘッジ
為替ヘッジとは、為替レートが変動する影響を抑える仕組みをいう。外国に投資をする場合、その外国通貨が円に対して上昇すると収益となり、下落すると損失が生じるが、その影響を受けないようにする。ただし、そのためには現在の為替レート水準で将来に取引できる予約をするための費用がかかる。具体的には、外国通貨の金利と円の金利の差が費用となる。

の逆で、自分はより積極的な運用をしたいのであれば、**シニア世代であっても株式中心の運用を行ってもいいのです**。運用を行うことにより金融リテラシーが高まれば、そういった選択もできるようになるはずです。ちなみに私は現在60歳を目前にしていますが、株式の割合を高く運用しています。皆さんに同じことはおすすめしませんが、人生100年時代、20年先でも80歳と考えれば私としてはまだまだ時間があると思っています。

保守的、安定的な資産配分（B）

投資信託名	運用会社
ダイワ・ライフ・バランス 30	大和アセットマネジメント
DC ニッセイワールドセレクトファンド（安定型）	ニッセイアセットマネジメント
三井住友・DC 年金バランス 30（債券重点型）	三井住友 DS アセットマネジメント
eMAXIS 最適化バランス（マイゴールキーパー）	三菱 UFJ アセットマネジメント
au スマート・ベーシック（安定）	au アセットマネジメント

コラム

8資産があってもあえて4資産を中心に選んでいる理由

運用の勉強をされた人の中には、投資において分散効果は重要なので、たくさんの資産を選ぶことができるのであれば多く選ぶほどいい、つまり4資産よりも8資産のほうがいいのではないかと感じられる人もいるかと思います。そのように思われる人のために、もう少し踏み込んで説明をしておきましょう。

まず、多くの対象に分散して投資をすることにより、分散効果が高まることは正しいです。ただし、伝統的4資産に対して新たに不動産に関するリート資産を組み入れると、リートの特性は株式に近いので全体的な価格の変動性は高まります。価格の変動性を抑えたいのであれば、**シンプルでも価格の安定性が高い債券の組み入れを高めることです。**均等型の場合には、4資産から6資産、8資産へと資産が増えても新興国も含めた債券は4割近くあるので、価格の変動性は高まりますが許容範囲ではあります。

もう一歩踏み込んで、均等型以外のケースを見てみると、もう少し違う理由も見えてきます。私も今回、あらためて自分の目で各投資信託の目論見書や運用報告書、月報を見たのですが、組み入れる資産数が増えた場合に単純に各資産を組み入れるのではなく、たとえば外国債券部分に為替ヘッジをつけるなどさまざまな趣向を凝らしているケースがかなり多いです。せっかくたくさんの資産を組み入れられるので一工夫することは悪いことではないのですが、それによって想定外の収益性や価格変動を生む場合があります。

たとえば保守的に安定的な資産構成の商品を選んだとしましょう。4資産ではなくて8資産を選んだけれども、**実は外国債券に為替ヘッジが付いているために円安局面でもその恩恵を受けられなくなります。**図の例では、外国債券に為替ヘッジが付いているために、付いていないものと比べて全体で6％程度、リターンが劣後しています。これらはいずれも実際の投資信託を用いており、為替ヘッジのない商品は、先ほどの代表例にも記載した「ダイワ・ライフ・バランス30」です。ヘッジ付き債券については、ここ

図：為替ヘッジ付き外国債券を組み入れたことによるリターンへの影響

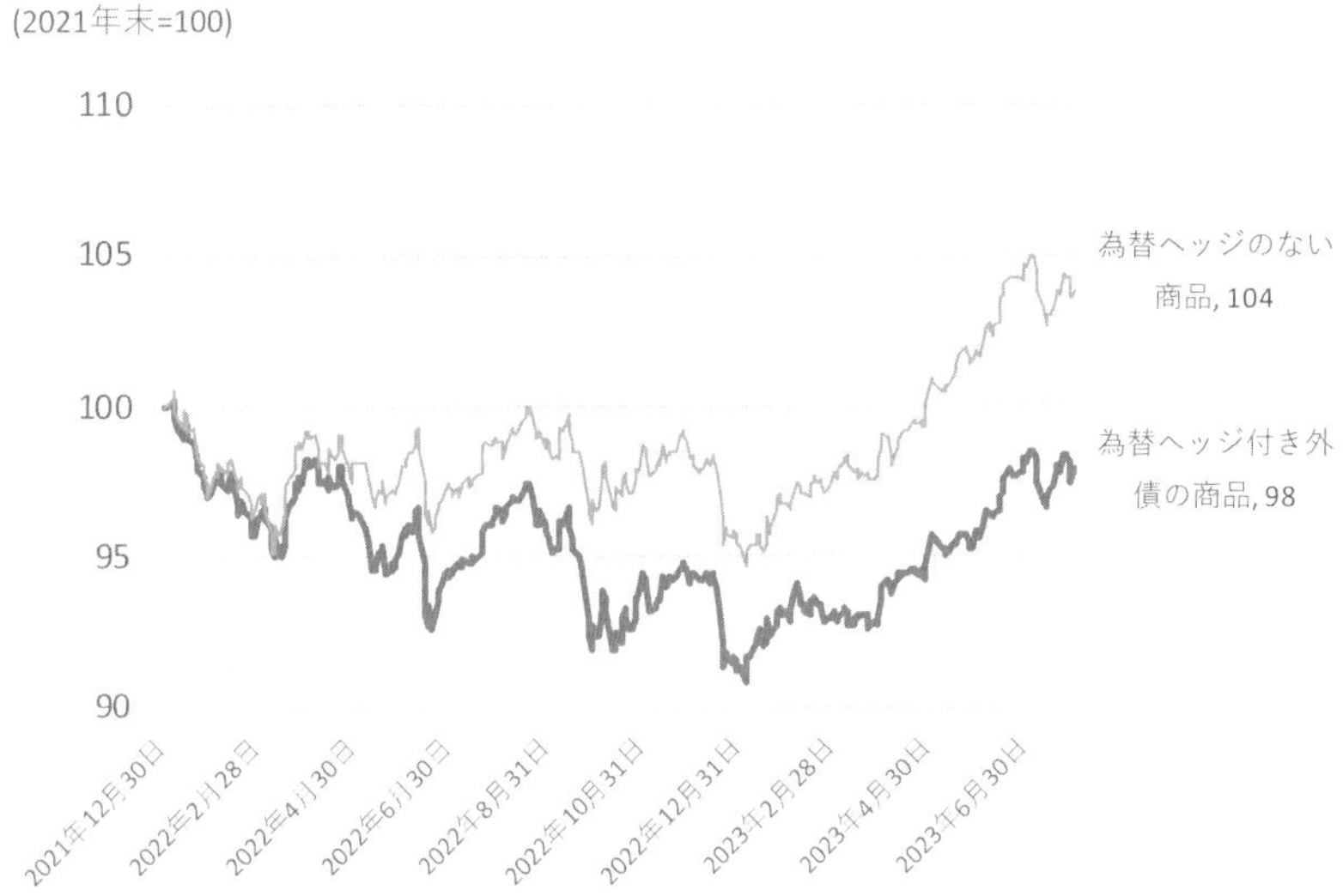

※各運用商品の基準価額から筆者作成
（期間 2021 年末～ 2023 年 7 月末）

で名前を取り上げることによって変な誤解や影響を生じてはいけないので、あえて商品名は伏せさせていただきます。もちろん、NISAつみたて投資枠で実際に登録されている8資産の複合型商品です。外国債券の構成割合が全体の3割程度ということから逆算すると、為替のヘッジをつけるのか付けないのかによって、その部分では20％程度のリターンの違いが生じていたことになります。

為替にヘッジを付けることが奏功することもありますが、運用環境によってはこのようにネガティブに働くこともあります。これらを理解されていればいいのですが、多くの個人にとってはそうとも言い切れないので、あえてこのような選択肢を外したシンプルなものを代表例としておすすめしています。よく、「シンプル・イズ・ベスト」と言いますが、金融商品は投資するものであれ保険であれ、複雑なものよりもシンプルなもののほうがよい場合が多いです。

第8章の結び　第2部でお伝えしたいことのメインはこの章にあります

この章でお話しした商品選び、すなわち世代をベースに運用への姿勢を切り口とした投資対象選びは多くの人に当てはまるので、私の考えの基本形になります。つみたてNISAは、運用商品の面ではインデックス運用の投資信託を用いた資産形成を前提として設計されました。その理由は、個人にとって運用する商品をあれこれと考えることによる負担や紛らわしさをあえて排除し、長期投資に適した商品に導くため、ベストとまでは言い切れませんが、ベターな選択肢を提供することを狙いとしたためと思われます。そのため、運用目的が明確で分かりやすいインデックス運用の投資信託が登録されています。私はインデックス運用が万能とは思っていませんが、つみたてNISAが掲げ、NISAつみたて投資枠でも踏襲される「長期・分散・積立投資」においては、この章でお示ししたインデックス運用の投資信託がフィットしていますし、その中から選ばれることをおすすめします。

そのうえで、それぞれのタイプにおいて具体的にどの商品が適しているのか、この最終形に辿り着くのが意外と難しいので、ここは割り切って商品名までをしっかりと提示しました。最終的に運用商品で迷ってもらいたくないので、色々なご意見はあると思いますが、私の考えをベースに客観性を保ちながら示したつもりです。

もし、ここに掲載していない商品から選ばれたとしても、本書を読んで商品を選ばれたのであれば、どのような違いがあるものを自分が選んだのかわかると思います。こういう目線が培われることが大切なのです。

その一方で、アクティブ運用の商品に対してはかなりの制約が設けられているため、数えるほどしか登録されていません。しかし、逆に言えば、そういった中で選び抜かれた商品ということもできます。次章では魅力的なアクティブ運用の商品について触れておきましょう。

9 選び抜かれたアクティブ運用、想いのこもった商品（投資信託）が並んでいる

インデックス運用と違い、アクティブ運用は個々の投資信託において運用の仕方や目指すものが違うため、すべてを対象とすると説明にかなりの紙面を割いてしまいます。そのため、私の視点でアクティブ運用として知っておいてもよいと思われる興味深い投資信託をいくつか取り上げます。

指定されたインデックス運用以外の商品

最初に、全体の商品について触れておきましょう。アクティブ運用としてＮＩＳＡつみたて枠に登録されている商品数は２０２３年7月時点で31あります。ただし、この中にはインデックス運用の商品も一部、含まれています。「えっ？　インデックス運用の投資信託がどうしてアクティブ運用の中にあるの？」と思われるかもしれませんね。原型

となったつみたてＮＩＳＡにおけるインデックス運用の商品は、金融庁があらかじめ指定した代表的な指数を対象としています。そのため、金融庁のＨＰ上では**「指定インデックス投資信託以外の投資信託（アクティブ運用投資信託等）」**として掲載されています。

たとえば、皆さんも聞いたことがある「ＮＹダウ（ダウ・ジョーンズ工業株平均株価）指数」はニュースでも毎日のように耳にするものですが、金融庁の指定する指数に入っていません。そのため、ＮＹダウを指数として運用する商品は、「指定インデックス投資信託以外の投資信託（アクティブ運用投資信託等）」に入っています。商品の名前にインデックスと入っているので、皆さんでも見分けがつきます。

指定されている指数以外のインデックス運用ですが、私もＮＩＳＡつみたて投資枠の選択肢としてあえて取り上げる必要はないと考えます。そもそも金

構成図

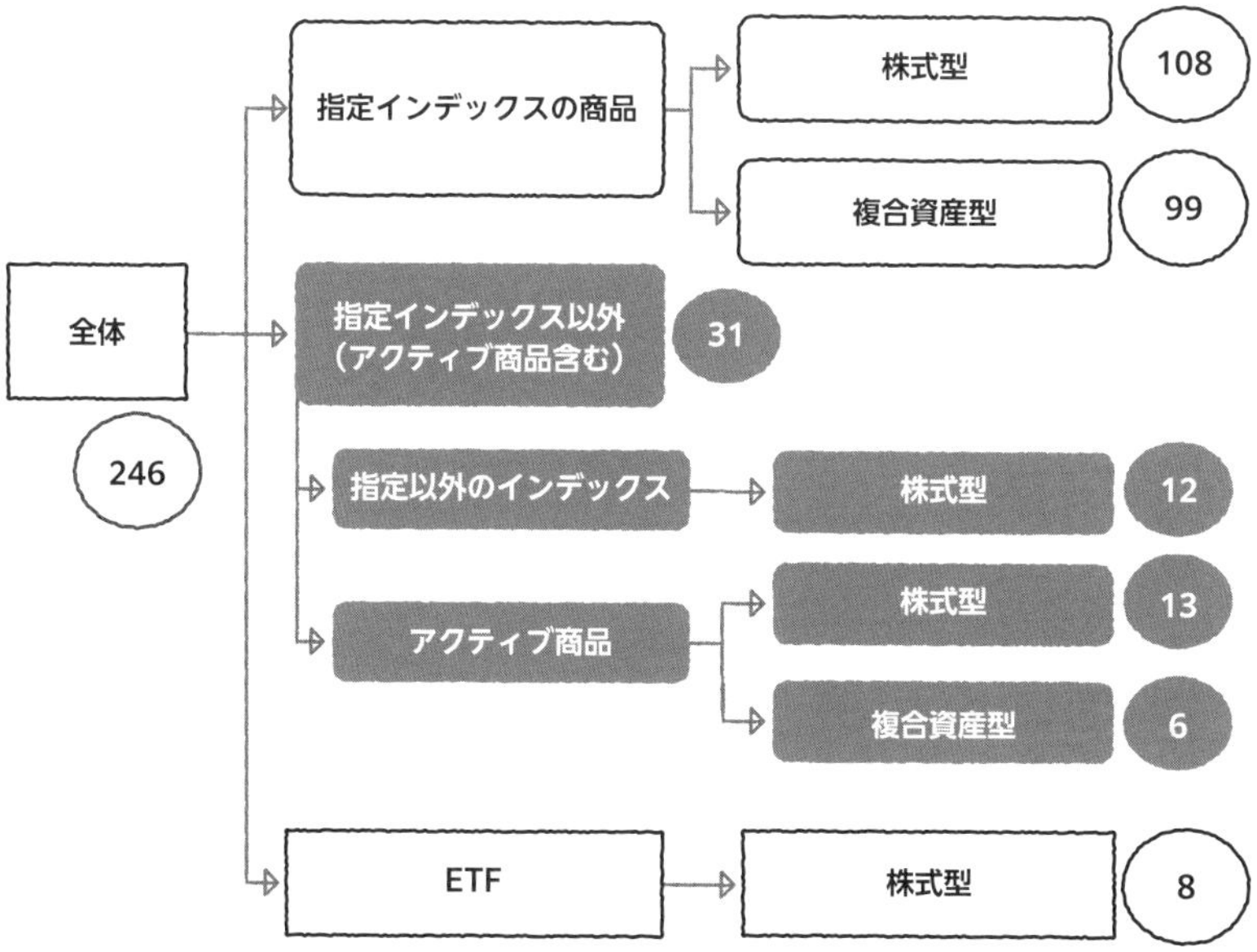

融庁が指定していない指数であり、「絶対にこれでないとダメ」というものでもありません。インデックス運用であれば金融庁が指定していて、多くの運用会社や投資家から支持されているスタンダードな指数で運用すれば十分です。そのため、本書では指定された指数以外のインデックス運用については、この後も触れることはありません。

たとえば米国株式を代表するNYダウ指数とS&P500指数を詳細に比較すれば細々と違いが出てきます。ネット上などではこういった違いを取り上げて「どちらがいい」といった議論を行うこともよく見かけます。もちろん、投資成果には違いが出ます。しかし、大切なことはそういったところの違い（米国株式の代表的な指数の中からどれを選ぶのか）ではないと思うのです。

具体的なアクティブ運用の商品

では、これらを除いたアクティブ運用に目を移しましょう。構成図に示したように、アクティブ運用商品は、私の分類による数え方によれば**たったの19しかありません。株式型が13**で、**複合資産型が6**です。世間に数千というアクティブ運用の商品がある中で取り上げられているというだけで、ある意味、すでに信頼度は高いと思います。

アクティブ運用には、インデックス運用に加えて主に以下の制約が設けられています。

アクティブ運用として採用されるための制約

- **運用期間が5年以上の実績があること**
- **その運用期間の3分の2の期間において資金流入であること**
- **運用管理費用（信託報酬率）が1％以下であること**

この中で一番厳しいのが、「**運用期間のうち3分の2の期間において資金流入であること**」です。ここでいう資金流入とは、買いたい人の購入金額と、すでに保有している人が売却することによる売却金額の差し引き（ネット）金額を指します。購入金額が売却金額を上回っていることを（ネットの）資金流入と言います。

これにより一過性のテーマ型商品などははじかれます。一時的には買いが多くても長続きしないからです。それだけではありません。投資信託などの金融商品は、価格が上昇すると利益を確保するための売却が行われることは世の常です。そのため、運用成績のよい投資信託であっても長期的に上昇し続けると資金流出がつきまといます。結局のところ、かなりの期間において資金流入であることは、積立による運用対象として長らく投資家から支持を集めている基盤がなければ難しいことになります。

つまり、そういった主旨で顧客に提供している商品であれば、「ＮＩＳＡでのつみたて用に取り扱ってもいいですよ」という解釈もできます。私の知る限りですが、金融庁が定めた条件をクリアした投資信託はかなり少なく、それに該当した商品はほとんどが登録されたはずです。ある運用会社のシリーズ物5商品のうちの1商品だけが登録されているのも「登録できる条件をクリアできたのであれば登録しておこう」という表れでしょう。

ただ、1点だけ認識しておいてもらいたいのは、**パフォーマンスで選ばれているものではないことです**。もちろん、長い期間にわたって資金流入が続いているということは収益性への信頼も反映している結果ですが、世間でよくあるような運用成績のランキングによって選ばれているものではありません。

では、条件をクリアした商品とはどういうものでしょうか？　たった18なので調べようと思えば一つ一つ見ていくことができる数ではありますよね。ただ、上記の条件を満たした18だからといって、それがどういう商品たちなのかを語るのはなかなかに難しいです。これが言えるという人は、本書を読んでいただく必要のないレベルの人です。

私の目線で説明を加えます。それは、従来の大手金融機関の運用会社によるいくつかの優れた商品と、新興の運用会社による商品になります。その中で新興の運用会社の特徴として、**自分たちの運用に込めた哲学とか信念に基づいた特定・少数の商品を扱っていることが挙げられます**。もちろん、新興の会社ですからあれもこれもできる体制ではありません。ただし、大手の優れた運用機関がしのぎを削っている中に参入して特定の顧客から支持を得ているだけでも素晴らしく、そこには運用に込めた分かりやすい想いやメッセージがあります。そして直販と呼びますが、金融機関による販売を経由しないで運用会社が直接に投資家を募ることも行っています。また、運用対象としては、**運用者にとって身近な日本企業の株式を対象とした商品が多いです**。

これらとは異なり、外国株式や外国株式を含む複数資産の運用を行っている新興の運用会社が一社あります。この点では他社とは一線を画しているのですが、大変に興味深い先になります。

ここでは、ＮＩＳＡつみたて投資枠において、あえてアクティブ運用の商品を選択肢にするとした場合には、どういうメリットや期待があるのか、それとともに何を得るために利用することも考えるべきかについてお話しします。

日本株式を対象とするアクティブ運用の会社とは

ＮＩＳＡつみたて投資枠の中で、私が注目するアクティブ運用の投資信託とその運用会社は以下になります。

投資信託名	運用会社
ひふみ投信、ひふみプラス	レオス・キャピタルワークス
コモンズ 30	コモンズ投信
結い 2101	鎌倉投信

これ以外にも日本における新興の運用会社の草分けとして、さわかみ投信やスパークス・グループがあります。いずれも現在のＮＩＳＡつみたて投資枠では投資できませんが、これらの運用会社が運用する商品は一般の公募投信として購入することができます。そして、名前を挙げた運用会社とその商品は、**インデックス運用とは対極にある、個々の企業をよく調べて投資するスタイルです**。

上記の中で私が直接に運用者のお話を聞くことができたのは、ひふみ投信の『レオス・キャピタルワークス』と『コモンズ30』のコモンズ投信になります。残念ながら、『結い２１０１』の鎌倉投信とは接点がありませんでした。ただ、投資信託を長年にわたり評価した経験から言わせていただけば、各社ともに「自分たちが真の運用者として、長期投資を基本に企業に寄り添っていきたい」との気概に溢れていることです。こういうメッセージが個人を含めた投資家の共感を呼び、資金流入の期間が多いという結果につながっていると思われます。

これは、他の運用会社が気概に溢れていないと言っているのではありません。運用会社の想いがシンプルなのでストレートに投資家に届けることができるため、そういう結果をもたらしているのでしょう。

日本株式を対象としたアクティブ運用商品の中で、この中からどれを選べばよいかを申すつもりはありません。それぞれに投資家からは一定の支持があり、運用に特徴があるので、私の好みはあるにしても、この場で読者に対して優劣をつけるたぐいのものではないからです。

あえてアクティブ運用なので投資する銘柄数からみると、『コモンズ30』は商品名の通り30社、『結い２１０１』は２０２３年時点で60社程度となっており、特定の企業への想いやこだわりが強いことが見て取れます。そのうえで、運用者の投資に対するメッセージ性や企業をよく調べて長期投資を行うことを前提に、私なりにあえて特徴を示すと表のようになります。

投資をリターン獲得の手段だけでなく、運用会社と同じ目線で、自分のお金が経済や社会の価値創造につながっていることを実感してもらえるように努める姿勢が伝わってきます。また、そのための説明会や投資先への見学などを精力的に主催しています。

こういう運用に共感される人は投資の選択肢としてよいでしょう。**投資を通じて運用会社や社会とのつながりが感じられ、投資することに楽しみが持てることが期待されます**。運用に対して合理性や効率性を追求するのか、楽しさや実感も求めるのか、どちらか一方でないといけないというものではありません。私たちが身近にお金を使う場合でも、コスパや機能性を重視してランチを選ぶ場合もあれば、その時間を豊かに過ごしたいためにお店を選ぶこともありますよね。資産形成の場合にはお金を増やすのが主目的

コモンズ30（コモンズ投信）

商品名への想い	**投資の目線「30年」、投資企業「30社」、企業との「対話」を重視。**
投資家に提供するもの	**真のグローバル企業**を中心に30銘柄へ**集中投資**し、高い成長を目指す。
運用内容の共有	対話で企業とお客さまをつなぎ、**投資家の参加する場を数多く提供**することにより、**価値の創造と楽しさ**を提供。
社会貢献	**寄付プログラム**を通じ、信託報酬の一部を**社会貢献**に活用。

結い2101（鎌倉投信）

商品名への想い	次なる世紀 **“2101年” に向けて**、人と人、世代と世代を “結ぶ” **豊かな社会を、皆様と共に創造したい。**
投資家に提供するもの	投資の果実（リターン）を、**「資産形成」**×**「社会形成」**×**「こころの形成（満足度）」**と捉える。
運用内容の共有	**運用会社の顔**が見え、その**志や投資哲学を感じられる投資信託**を目指す。投資家への**定期的な運用説明会**の実施。

なので、使う時と全く同じとまでは言いませんが、自分が求める運用、納得・共感できる方法を選んでもよいと思います。

アクティブ運用を選ぶことによる良さ

もちろん、過去5年間などの一定期間で捉えたパフォーマンスには違いがあります。しかし、それが今後も同じ違いとなって表れるとは限りません。今後、特定の期間で比較すると、これまでとは異なった違いが出ることでしょう。ただ、各ファンドともにしっかりとしたリターンを獲得しており、行おうとしていることやそれによって投資家である個人に何をもたらしたいのかが明確で分かりやすいです。後は**自分がどの運用に共感できるのか、お金を託したいと感じるのか、その点が大切になってきます**。

収益性を追い求めたいのであれば、過去のリターン実績や投資効率を重視することになりますが、アクティブ運用の商品を選ぶ場合には、投資する企業を選ぶ際の想いや姿勢、運用会社が投資する個人にも投資先企業への訪問や説明会の機会を与えてくれるスタンスもポイントです。後ほども触れますが、ＮＩＳＡでは1つの商品だけを選ぶ必要はないので、複数の商品を保有してみる選択もあります。その中の一つにアクティブ運用の商品を選ぶこともいいでしょう。

私から見たアクティブ運用を選ぶことによる利点は、**運用における信念への共感を持つことができ、それなりのパフォーマンスが期待できることに加えて、運用を通じて自分のお金が社会をよくするといったことに関わっている実感を得られることです。**

得てして、資産形成や運用はリターンを得るために行うことが強く意識されるために、その行為を通じて社会に貢献するといったことは二の次になってしまいがちです。また、お金がお金を生むという世界であるがゆえに、自分が投資信託を通じてお金を投じた企業やその会社の人がどのような活動をしているのかを感じなくなってしまいます。**企業は紙の上の銘柄ではなくて、実際に経済活動をしています。**そういうことを感じられるのも、こういったアクティブ運用のよさです。

また、**勉強したい人に向いています。**インデックス運用は市場全体に投資をする設計の商品のため、市場の各銘柄に幅広く満遍なく投資をしています。これは何も考えなくても市場の成長を享受できるという観点では意味があるのですが、投資とは何かをそれ以上に考えるきっかけにはなりにくいです。それに対してアクティブ運用は、市場の中でも魅力がある企業を選りすぐって投資をしています。仮に「長期的に成長する企業とはどういうものだろうか？」と考えるヒントとしては、アクティブ運用で投資をしている銘柄は大いに参考になります。

これは身近な例として不動産に置き換えてみると、より分かりやすいかもしれません。

そもそも資産運用として不動産を対象にすれば、一般的に優良な立地の物件を長期に保有すれば一定の収益が得られます。これが株式や債券におけるインデックス運用による収益のようなものです。市場と同様の収益を期待します。それに対して、首都圏で人気が出そうな街とか都心のタワーマンション、インバウンド需要や地方再生など、特定の地域や物件を選別することにより、さらに高い収益を期待することもあります。これがアクティブ運用における魅力のある銘柄選定になります。不動産の目利きのように**将来性のある企業への目利きを行う投資信託を保有することで、自分の勉強にもなるのです。**日々の生活において当たり前のように接している商品やサービスについても、「あれ、これってどこの会社のサービス？」といった感度が格段に上がってきます。

日本の新興運用会社の中ではユニークな存在、セゾン投信

次に新興の運用会社として、外国株式や外国株式を含む複数資産の運用を行っている会社について触れておきましょう。その会社とはセゾン投信です。この運用会社は日本株式を対象とした運用各社とは違うアプローチを行っている、新興の運用会社の中では大変に興味深い先です。この会社を長らく率いた「つみたて王子」で知られる元社長はすごく有名なのでご存知だとしても、客観的な視点でこの運用会社のよさを十分に伝え

きれているものはなかったのではないでしょうか。

セゾンというとカード・信販系のイメージがあり、実際にそのグループに属しています。しかし、運用としてセゾン投信は独立した存在です。セゾン投信が運用する2つの主力ファンド、株式投資の『セゾン資産形成の達人ファンド』（株式型）と、株式と債券などを組み合わせた『セゾン・バンガード・グローバルバランスファンド』（複合資産型）は、いずれも自分が個別銘柄を選別して運用するのではなく、**他のファンドを組み入れている投資信託になります**。こういう形態を**ファンド・オブ・ファンズ**と呼びます。投資信託というファンドの器の中にさらに複数のファンドを組み入れているものだからです。債券と株式でバランスよく構成する『セゾン・バンガードグローバルバランスファンド』はインデックス運用のファンドを中心に組み入れていますが、『セゾン資産形成の達人ファンド』はよい企業を選ぶ運用者の商品を束ねて一つの商品にしています。

これは、よい企業を自ら見つけるのではなく、よい企業を見いだす運用者を見極める作業です。スポーツのサッカーに例えると、監督として自ら選手を選びチームを運営するのではなく、数あるチームの中で高いパフォーマンスを示すチームを見極めて出資するのがセゾン投信の運用になります。よい結果を出す監督のチーム能力を見極め、それを複数束ねるのです。世界には何万という商品がありますが、この中から選ぶだけでも並大抵なことではありません。これも高いスキルがなければ実現できません。

しかしながら他社の商品を組み入れることは、それらの運用に費用を支払い、組み入れた自社の運用にも費用を支払ってもらうことになります。いわゆる二重の費用がかかる構造です。長期の運用において費用は大敵であることをお話ししました。そのことから、つみたてＮＩＳＡでは費用が低いインデックス運用が中心になっています。この商品はその対極ともいうべき、世界から優良なアクティブ商品を探し出して自分の商品に入れることで、二重に費用をかけています。逆に言えば、**二重の費用を上回る成果を示さないといけません**。

セゾン投信の商品はいずれも安定的に良好なパフォーマンスを獲得し、一定の投資家に支持されています。ということは、世界の多くの運用商品の中から魅力のある商品を探し出す力に長けていることになります。彼らの運用力の真の源泉は分かりません。ただし、ほかと同じことをしていてもそこに収益獲得の余地は乏しいという考えに基づいたユニークなアプローチを用いています。

たとえば、運用の目標として、収益の獲得や損失の大きさについて数字で定めている運用と、そうではない運用があったとします。一般的には運用の目標を定めているからこそ、それに対して適切なアプローチができるとかリスクも含めた管理ができ、目標を定めていないとずさんな管理となります。しかし、数値に囚われてしまうがゆえに、市場が大きく下げた絶好の投資機会に投資行動を起こせないとか損失確定をせざるを得な

図：ファンド・オブ・ファンズ（FOFs）のスキーム

商品（投資信託）
（日経平均株価インデックスファンドなど）

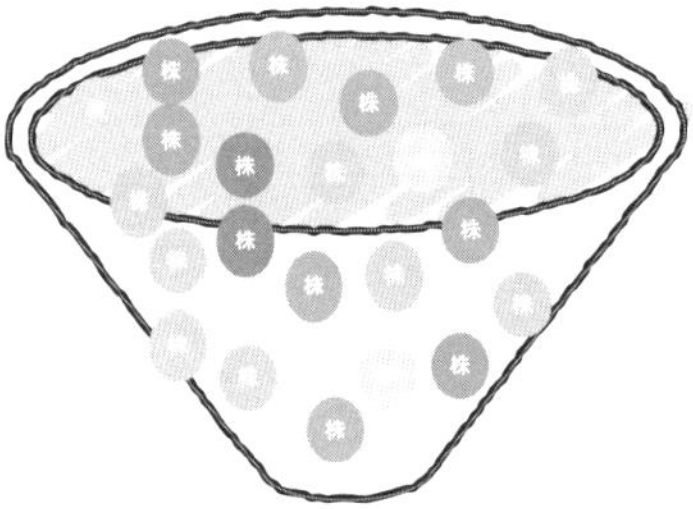

ファンドオブファンズ
1つの商品（ファンド）の中に、さらに
複数の商品（ファンド）を組み入れている状態

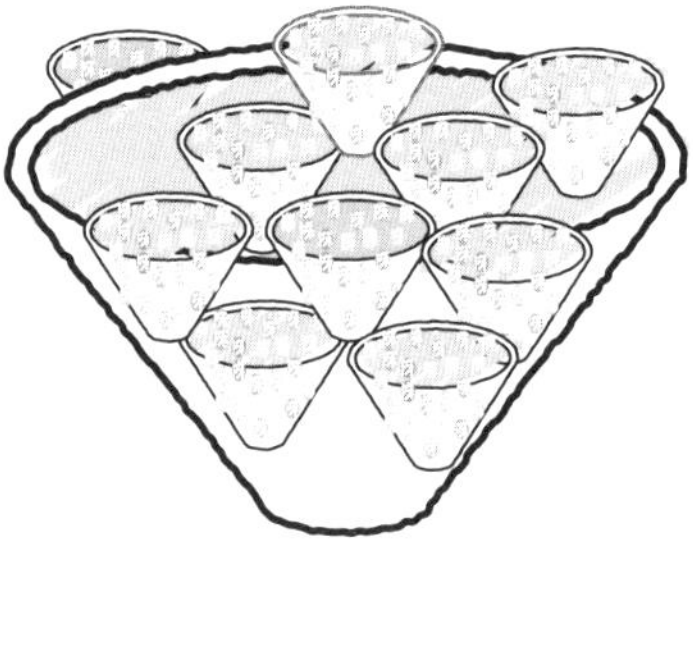

いなど、肝心な時に運用の手足を縛ってしまうこともあるのです。そのため、あえて**運用目標を厳格に数値化していないことを商品選びの一つの抽出基準にする**という発想も出てきます。これはあくまで読者の皆さんにイメージを持っていただくためのたとえ話ですが、商品選別において「なるほど！」と感じさせるアプローチをされていた印象が残っています。セゾン投信の運用者は相場の本質をよく知っている人でしょう。

それ以外のアクティブ運用は？

ここまで、アクティブ運用の商品として日本の新興運用会社による商品を取り上げてきました。各社とも運用に対する哲学をはっきりと示しており、それに基づいた運用がなされているので、**共感できる運用商品を選びやすいところに特徴があります**。もちろん、日本の新興会社以外にも魅力的な商品はあります。

たとえば、投資信託におけるアクティブ運用の草分けでもあるフィデリティ投信が運用する『フィデリティ・米国優良株・ファンド』は、同社の一貫した哲学である「徹底したリサーチ」をベースに、長い運用実績を有しています。また『キャピタル世界株式ファンド（DC年金つみたて専用）』を運用するキャピタル・インターナショナルという会社は1930年代に設立され、フィデリティ投信同様に運用の世界で知らない人はいない伝統がある会社であり、長らくよい成績を残し続けています。

つみたてＮＩＳＡのときから採用されているのですから日本国内からも支持され、また、グローバルにも支持され実績がある運用会社の商品を選ぶという考え方もあります。

本書では、ＮＩＳＡつみたて投資枠の利用としてアクティブ運用の商品を選択するのであれば、身近な運用会社であるメリットを意識して日本の新興運用会社を主に取り上げました。最後にお話ししたように、海外にも素晴らしい運用会社が数多くあることを付け加えておきます。

アクティブ運用において、この章で名前を挙げた商品は私の知る限りですが、特徴がある魅力的な商品なので関心があるようでしたら検討してみるのもよいでしょう。ただし、インデックス運用と違ってアクティブ運用の商品は取り扱う金融機関が限られるケースもあるので、確認することをおすすめします。

金融商品を初めて買うとか運用を初めて行う人にとって、金融商品を見分けることはハードルが高く、似たような選択肢が多いとそれだけで迷ってしまいます。これは**行動経済学**という学問の領域でも調査結果として示されています。こういったマイナスの影響を避けるため、選択肢をできるだけ減らしてあげることは、個人が行動を起こしやすくする一助になります。そういう想いもあり、あえてＥＴＦは取り上げていないのです。

行動経済学
行動経済学とは、経済学に人の心理的要素を考慮したものをいう。人は必ずしも合理的に行動するとは限らず、それが投資行動などに表れる点に注目する。いくつかの代表的な行動があるが、たとえば利益を獲得するよりも損失が生じることを嫌う傾向が強いことがある。

10 安心商品ではあるが、あえて3つの利用方法アドバイス

ＮＩＳＡでのつみたてにおいて利用する商品は1つである必要はなく、複数を選ぶことができます。ここでは、その際でも守りたい点についてお話しします。そして、最後にどれくらいのお金を用いたらいいのかについての考え方についても触れていきます。

商品は1つである必要はない。心配なら商品を3つ（月々1万円を3商品）でもいい（おすすめ）

ＮＩＳＡでのつみたてにおいて、一人がどれくらい複数商品を選んでいるのかの統計は私の知る限り見当たりません。そのため、すでにどれくらいの人が複数商品に分けることを当たり前としているのか、状況を十分には把握できないうえで書いています。

ＮＩＳＡつみたて投資枠には1つの商品に対する最低金額は、制度上は設けられていま

せん。もちろん、取り扱う金融機関においては「1000円以上から」といった管理運営上の最低金額はあります。

こういった中、自分に1つだけの商品を選ぶ必要はありません。複数の商品を選ぶことができます。そうはいっても、3万円分を「1000円×30商品」と無尽蔵に増やすと多くなりすぎますよね。私のおすすめは、1つに絞ることができないのであれば、次の2つの条件を満たすようにすることをおすすめします。それは、**商品数の上限として3商品（多くてもせめて5商品）までにしておくこと**と、**最低限の金額として1商品当たり月々1万円といった大きな金額にしておくこと**です。

たとえば月々3万円が積立できるとしても、3000円×10商品などとせず、**1万円×3商品**というように**商品数を限定すること**です。商品数が必要以上に増えると自分が何をしているのかよく分からなくなってしまうので、それを避けるためです。しっかりと管理できるようにするためには3商品くらいがいいでしょう。もっと増やしたいとしても、せめて5商品程度には抑えるように上限を定めましょう。

2点目の1商品当たりの最低金額として月々1万円というのは、小さい金額でたくさんの商品に分けても、**個々の金額が小さすぎて効果はそれほど大きくないからです**。それであれば、ある程度の金額までは商品数を絞りましょう。投資を行わないよりは、少しでも行ったほうがよいに決まっています。ゼロのままか、それとも一歩踏み出したのかは大きな違いです。しかし、月々1000円では20年間積み立てても元金の合計は24万円ですから、その24万円がどれだけ増えたとしても老後の備えとして頼りになる金額とは言えません。小さい金額のうちは効果も小さいので、あれこれ商品を悩まなくても商品数を絞ってもよいのではないかという考えです。

複数の商品を持つ時に押さえておきたいこと

アドバイス1　最低1つ、もしくは3分の1は、インデックス運用の商品にしておこう（費用を抑える）

商品を複数選ぶことについて、極端に多い数でなければ反対しません。色々な商品に興味を持つことは健全な好奇心であり、大切なことです。ただ、自分の感覚に任せてしまうと、時には意図せざる偏った状況になってしまうこともよくあります。その時でも、NISAでつみたての考えに向いている商品を一定程度組み入れることは、全体のバランスを取るうえで大切です。

NISAでのつみたてにおいて中心的な商品は何だったたでしょう？　それは**インデックス運用**です。これは費用が低く分散投資が行えるので、長期投資に向いています。

色々な商品を選ぶとしても、そのうちの3分の1、もしくは3商品以内であれば**最低1つはインデックス運用の商品を選びましょう**。

これは、自分が選びたい商品が3つ以内であれば、1つはインデックス運用の商品を選ぶことになります。1つであればインデックス運用のみです。また、おすすめはしませんが5商品であればそのうちの2商品をインデックス運用とすることにより、3分の1を満たすことができます。

NISAつみたて投資枠に選ばれているアクティブ商品は、そもそも投資家から支持された商品であり、魅力的な運用を行っています。つい、たくさんのアクティブ運用の商品を選びたくなるかもしれませんが、一定程度はインデックス運用にしておくことによりコストを抑えるだけでなく、アクティブ商品との比較もできます。

アドバイス2　3分の1以上は外国の資産絡みを選ぼう（世界の成長性を享受する）

運用の対象には、大別して国内の資産と海外の資産があります。NISAつみたて投資枠では株式を含んでいなければならないので、国内の債券だけを投資対象とする商品はありませんが、日本株式を対象とする商品はインデックス運用、アクティブ運用ともにたくさんあります。私たちは日本に住んでいるのですから、企業活動や企業文化をよく理解している日本の企業を対象とするのは決して変ではありません。むしろ当たり前です。

しかし、**経済の成長性を比べると日本よりも外国の成長期待は高いです。**ＩＭＦ（国際通貨基金）によると、日本の**潜在成長率**は1％未満なのに対して**世界では3％程度です。**長期で見れば、お金を運用する市場の成長もこういった経済の成長に大きく影響を受けます。**特にインデックス運用はその収益を市場全体の動きに依存しているのですから、その影響は大きいです。**そうであれば、運用において**成長率の高い外国を組み入れるメリットが高いことになります。**

一例として、アクティブ運用では日本株式を選んでもインデックス運用では外国全般を対象にしたものを選ぶというのも、アクティブ運用とインデックス運用のよさを組み合わせたものになるでしょう。

潜在成長率
潜在成長率とは、中長期的な持続可能な経済成長率のこと。私たちがよく耳にするGDPなどは短期的な景気変動の影響も踏まえた個人の消費などを集計したものであるが、どれくらいの成長性を有しているのかを設備や労働力、生産性などの観点から算定したもの。

アドバイス3　3分の1以上は、自分の世代に合ったファンドにしておこう

ＮＩＳＡは18歳以上であればいつでもいつまでも使える制度です。現役世代であれば、特に50歳まででであれば将来に向けての時間がたくさんあるのですから、長期投資のメ

リットを活かして収益性の高い株式を中心に運用するといいでしょう。まさにNISAつみたて投資枠がそもそも目的としていた「長期投資なら株式資産」です。

それに対して年齢が進むと、残りの時間も若い世代よりは限られてくるので、お金を受け取る出口が気になるものです。そういった時期での価格変動は気になるし、大きな変動の影響は抑えたい人も多いでしょう。その観点では、**株式だけでなく債券も組み入れることにより、価格変動を抑えて安定性を重視した運用がいいでしょう。**こういったことを背景に、運用商品を選ぶ際に3分の1以上は自分の世代に合っているとされる資産を組み入れた商品を選ぶことをおすすめします。

3つの条件を当てはめると…

図：商品を偏らせないために守りたいポイント

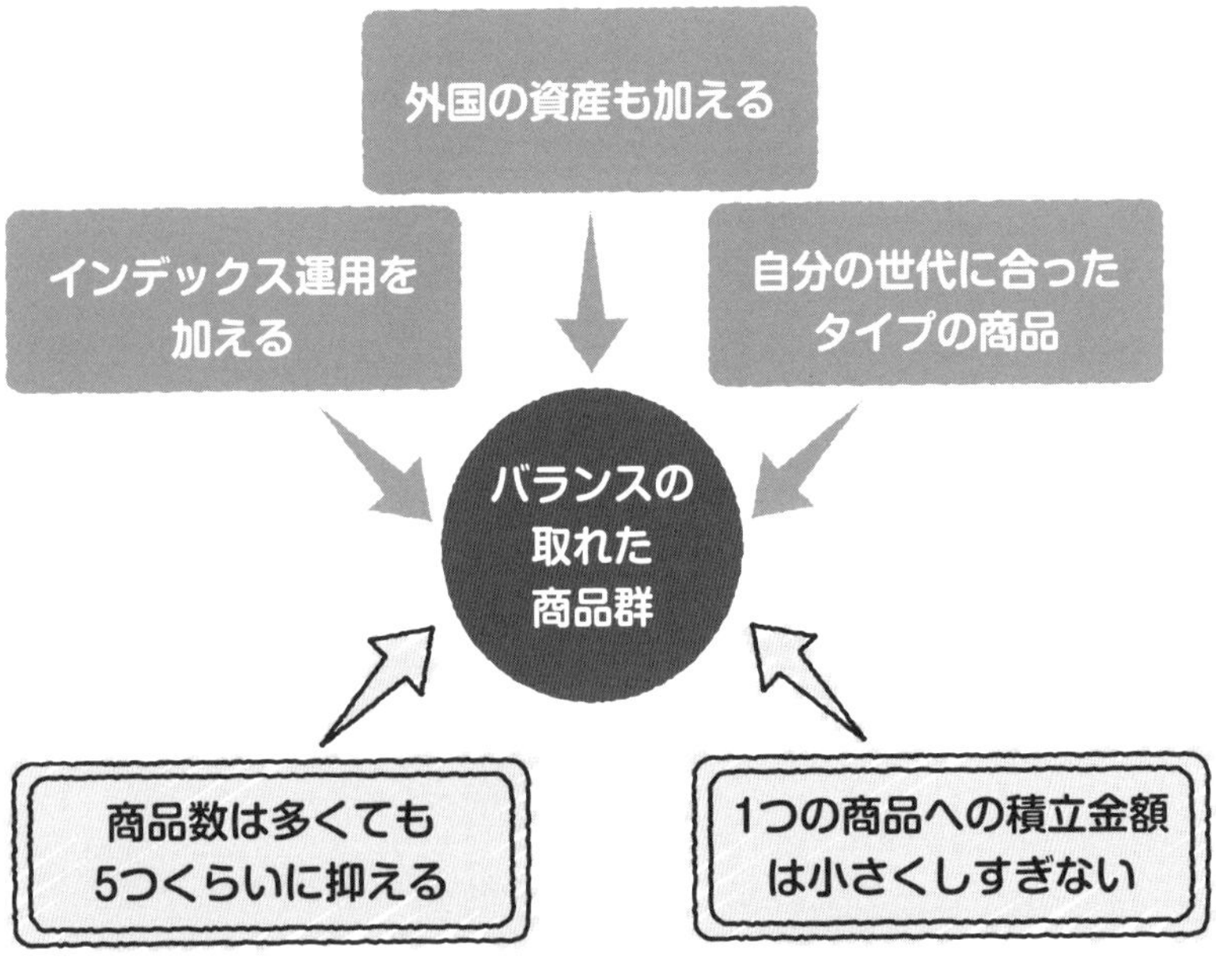
外国の資産も加える
インデックス運用を加える
自分の世代に合ったタイプの商品
バランスの取れた商品群
商品数は多くても5つくらいに抑える
1つの商品への積立金額は小さくしすぎない

お話しした3つのおすすめ条件をすべて満たす商品とはどういうものでしょうか？**インデックス運用を含めること、外国を投資対象として含んでいること、自分の世代に沿った対象の資産であること**。これこそは、まさに本書でお話ししたおすすめの商品選びです。つまり、仮に1つの商品を選ぶ場合にはこの条件を満たしたものがおすすめであり、複数の商品を選んだとしても、全体で見ればそのうちの何割かはこの基本パターンに沿った構成になっています。基本は外さずに自分の行いたいことを満たすための3つの条件と受け止めてもらうといいでしょう。

具体例を見てみよう

では、いくつかの例をお示ししましょう。区分として運用スタイルでは「インデックス運用とアクティブ運用」、対象資産では「株式のみ（日本と外国）と株式を含む複数資産（安定と保守的）」を組み合わせて「3商品を選ぶ場合のイメージ」を作ってみましょう。

組み合わせ例1：現役世代①

（補足）●は基本形、○は個人のこだわりや関心によって選ぶもの、以下同じ

現役世代で、日本の株式、その中でもアクティブ運用に興味がある場合の例です。世代としては若いので株式中心でよいでしょう。その中で、多くは海外を含めた全世界株式を選びますが、興味があるアクティブ運用にも一部を振り分けています。

組み合わせ例1：現役世代①

・世代	現役（若い）世代
・投資姿勢	特になし
・基本形	株式のみ、インデックス運用、世界の株式に分散
・運用スタイルのこだわり	インデックス以外も組み入れたい
・資産、国・地域への関心	母国である日本に思い入れがある

↓

運用スタイル	対象資産			
	株式のみ		複数資産	
	日本株式	外国株式	安定タイプ	保守的タイプ
インデックス運用		●●		
アクティブ運用	○			

●●に該当する商品

（インデックス運用）外国株式

【商品名】eMAXIS Slim 全世界株式（オール・カントリー）
【運用会社】三菱 UFJ アセットマネジメント

その他、P172 の表の商品をご参照

○に該当する商品

（アクティブ運用）日本株式

【商品名】コモンズ 30
【運用会社】コモンズ投信

【商品名】結い 2101
【運用会社】鎌倉投信　　など

【商品名】ひふみ投信
【運用会社】レオス・キャピタルワークス　　など

P199 の表をご参照

組み合わせ例2：現役世代②

同じく現役世代ですが、日本や新興国といった特定の国・地域に対する期待が強いです。全世界株式にすべてを投資すると、日本の構成割合は5%程度、新興国の割合もすべてあわせて10%程度にとどまります。そして、米国が60%を超える割合となります。つまり、米国中心の先進国への偏りが強いです。

それに対して、日本の株式、全世界もしくは外国先進国、そして新興国株式の商品に3等分に投資をすると、全世界株式を選ぶよりも日本や新興国の割合が3分の1ずつを占め、米国の影響も3分の1以下に低下します。このように、あえて自分が成長性を期待する国・地域を対象とした商品を組み入れることにより、構成割合を変えることができます。

〇に該当する商品

（インデックス運用）日本株式（複数例）

【商品名】eMAXIS Slim 国内株式
【運用会社】三菱 UFJ アセットマネジメント

【商品名】はじめての NISA・日本株式インデックス（TOPIX）
【運用会社】野村アセットマネジメント

【商品名】たわらノーロード　TOPIX
【運用会社】アセットマネジメント One

【商品名】Smart-i TOPIX インデックス
【運用会社】りそなアセットマネジメント

スタンダードなものなので、NISA つみたて投資枠の対象商品の中で、「インデックス運用」「日本株式」の中から選ぶとよい

組み合わせ例2：現役世代②

・世代	現役（若い）世代
・投資姿勢	特になし
・基本形	株式のみ、インデックス運用、世界の株式に分散
・運用スタイルのこだわり	特になし
・資産、国・地域への関心	母国の日本、また、成長性が高い新興国に関心がある

↓

運用スタイル	対象資産			
	株式のみ		複数資産	
	日本株式	外国株式	安定タイプ	保守的タイプ
インデックス運用	○	●○		
アクティブ運用				

●に該当する商品

（インデックス運用）外国株式

【商品名】eMAXIS Slim 全世界株式（オール・カントリー）
【運用会社】三菱 UFJ アセットマネジメント

その他、P172 の表の商品をご参照

○に該当する商品

（インデックス運用）新興国株式（複数例）

【商品名】eMAXIS Slim 新興国株式
【運用会社】三菱 UFJ アセットマネジメント

【商品名】はじめての NISA・新興国株式インデックス（TOPIX）
【運用会社】野村アセットマネジメント

【商品名】たわらノーロード　新興国株式
【運用会社】アセットマネジメント One

【商品名】Smart-i 新興国株式インデックス
【運用会社】りそなアセットマネジメント

スタンダードなものなので、NISA つみたて投資枠の対象商品の中で、「インデックス運用」「新興国株式」の中から選ぶとよい

組み合わせ例3：シニア世代①

シニア世代として、コアの資産は債券と株式をバランスよく配分した安定タイプです。しかし、色々と試してみたいという希望が強いので、分散するスタンスは崩さずに、より積極的な全世界株式と、反対に保守的なタイプも保有することにしました。このようにすると、積極的なものと保守的なもので中和されて、結局は安定タイプの特徴に近づくはずです。ただ、色々なタイプを試してみたいという希望を満たすことができます。

組み合わせ例3：シニア世代①

・世代	シニア世代
・投資姿勢	特になし、ただ、色々と試してみたい
・基本形	複数資産（安定タイプ）、インデックス運用
・運用スタイルのこだわり	特になし
・資産、国・地域への関心	色々な国・地域を組み入れてみたい

↓

運用スタイル	対象資産			
	株式のみ		複数資産	
	日本株式	外国株式	安定タイプ	保守的タイプ
インデックス運用		○	●	○
アクティブ運用				

●に該当する商品

（インデックス運用）複数資産　安定タイプ

【商品名】eMAXIS バランス（4資産均等型）
【運用会社】三菱 UFJ アセットマネジメント

【商品名】ダイワ・ライフ・バランス 50
【運用会社】大和アセットマネジメント　など

その他、P183の表の商品をご参照

○に該当する商品

（インデックス運用）外国株式

【商品名】eMAXIS Slim 全世界株式（オール・カントリー）
【運用会社】三菱 UFJ アセットマネジメント

その他、P172の表の商品をご参照

（インデックス運用）複数資産　保守的タイプ

【商品名】ダイワ・ライフ・バランス 30
【運用会社】大和アセットマネジメント

【商品名】DC ニッセイワールドセレクトファンド（安定型）
【運用会社】ニッセイアセットマネジメント　など

その他、P188の表の商品をご参照

組み合わせ例4：シニア世代②

シニア世代で保守志向なので、多くは複数資産の保守的タイプをコアにします。そのうえで、少しはアクティブにトライしたいというのであれば、安定タイプにおいてアクティブ運用の商品を選ぶという選択があります。

これら4つの例はすべて3つのポイントである、インデックス運用を含めること、外国を投資対象として含んでいること、自分の世代と運用姿勢に沿った対象の資産であることを踏まえたうえで、こだわりなども反映したものになります。守るべきものはしっかりと押さえつつ運用することにより、大きくバランスを崩すことなく自分の想いや興味を反映した運営ができます。運用をアドバイスする側からすれば、こういうところこそがお客様に応えることができるポイントではないでしょうか。

組み合わせ例4：シニア世代②

・世代	シニア世代（年金生活者）
・投資姿勢	運用は始めるが、すごく保守的に行いたい
・基本形	複数資産（保守タイプ）、インデックス運用
・運用スタイルのこだわり	保守的だからこそ、少しはアクティブ運用による収益獲得も期待したい
・資産、国・地域への関心	特になし

↓

運用スタイル	対象資産			
	株式のみ		複数資産	
	日本株式	外国株式	安定タイプ	保守的タイプ
インデックス運用				●●
アクティブ運用			○	

●●に該当する商品

（インデックス運用）複数資産　保守的タイプ

【商品名】ダイワ・ライフ・バランス30
【運用会社】大和アセットマネジメント

【商品名】DCニッセイワールドセレクトファンド（安定型）
【運用会社】ニッセイアセットマネジメント　など

その他、P188の表の商品をご参照

○に該当する商品

（アクティブ運用）複数資産　安定タイプ

【商品名】セゾン・グローバルバランスファンド
【運用会社】セゾン投信

P205「日本の新興運用会社の中ではユニークな存在　セゾン投信」をご参照

積み立てる商品は変更できる

商品は一度決めると変更できないものではありません。**２０２４年からは年間１２０万円、合計１８００万円の枠内であれば期限なく非課税で運用できます**。

新制度の下では年間１２０万円と合計１８００万円を守れば問題はありません。これまで同様に、継続的に積み立てていた場合に途中で商品を変えることも全く問題ありません。

また、途中で何らかの理由で売却したときも、あらためて積み立てることができます。ただし、積立可能額の年間１２０万円、合計１８００万円はお金を積み立てた金額が対象なので、収益が積み上がって金額が増えているものを売却すると、新たに積み立てる額は一からになる点には注意が必要です。

たとえばある年に１２０万円を積み立てたものが20年以上経って１８０万円になっていたとしましょう。このまま持ち続けると、さらに10年後には２５０万円くらいになっているかもしれません。しかし、１８０万円でいったん売ってしまうと、新たに積み立てる金額は年間１２０万円までであり、１８０万円を積み立てることはできません。売却すると、収益により増えた部分は手元に入りますが、再度ＮＩＳＡのつみたて投資枠を利用する時は最初からになります。これはたくさんのお金で運用できる人のための知識かもしれませんが、知っておいて損はありません。

どれくらいを利用すればいい？

私の経験上、個人で投資をする際に一番多い質問は、どの商品を選ぶのかという点と、**どれくらいの金額を利用すればいいのかという点です。**このうち前者の商品選びについては、その基本的な考え方をお話してきました。そこでここでは後者の金額面について少し考えてみましょう。

金額を考えるうえでは、そもそも掛け金には制約はあるのか？　その制約に届かない範囲であれば、どれくらいが適しているのかを考えることになります。ＮＩＳＡでつみたてを利用できる制約として年間の利用金額には上限があります。２０２３年までは年間40万円、累計８００万円が上限でしたが、２０２４年以降のつみたて投資枠では**年間120万円、トータルで1800万円**まで引き上げられました。

これまでの40万円が上限であれば月々に引き直すと3万円程度なので、「満額まで利用したい」というのが本音です。しかし、年間１２０万円となると月々10万円なので「さすがにそこまでできない」とか、「ＮＩＳＡ一辺倒もちょっと心配…」ということになりかねません。この場合には、そもそも自分の身の丈にあった資産形成の水準とほかの資産形成手段とのバランスがポイントになります。

では、年間120万円とした場合、積み立てる際の目安はあるのでしょうか？　これには色々な考え方がありますが、その一例として、将来的にこれくらいほしいという目線から見ていきましょう。

数十年後の世界はどうなっているのか、自分がシニア世代になっている時の生活費はどれくらいが必要で、年金はどれくらいもらえそうで、その差し引きとして年金以外にどれくらいのお金が用意できれば一息つけそうなのか、正確なところは現時点では誰にもわかりません。しかし、少なくとも**現在の状況は分かります**。そして、**現在よりもよくなるイメージは持ちづらいのが正直なところです**。

現在の状況は、どの経済指標を用いるのか、また、夫婦世帯か単身かなどの立場によっても違ってきますが、**公的・私的年金に加えて月に5万円程度の収入があれば一般的に余裕が出てくると言われています**。老後2000万円問題も、総務省の家計調査による月々5万円の不足が計算のベースになっています（月々5万円×12か月×30年＝1800万円）。もう少し余裕を見て年間100万円、月々にして8万3000円としましょう。これくらいあればかなり安心ですよね。

年率３％、30年間の運用で逆算してみる

年間１００万円を年率３％、30年間の運用で達成するとした場合、年間の積立額はいくら必要でしょうか？　これは終価係数を用いると簡単に計算できます。終価係数とは、利率と期間（年数）によって、複利運用するといくらになるのかという係数です。

たとえば、３％、30年間の複利運用では、1だったものが２・４２７３になります。この係数を逆算して、１００万円にするにはいくらの金額で運用すればよいのかを計算すると、41・2万円になります（１００万円÷２・４２７３）。月々３万４０００円でこういった計算になります。つみたてＮＩＳＡの上限40万円に近いイメージですね。

単年度でどれくらいの金額を資産運用に回せば、将来に毎年１００万円受け取れるのか、イメージを持っていただくために、1％から５％までの利率を用いて期間は20年間、30年間で１００万円になるには、それぞれ月々いくらで運用すればよいのかを表に示しておきますので、参考にしてください。１００万円なので大きな金額に感じるかもしれませんが、50万円であればこの半分です。数字だけを見て警戒心を起こさないようにしてください。少しずつでも継続的に長期で運用を行えば、それは数十年後に毎年の見返りとして返ってくるはずです。

ただ、そこまでできない場合もありますよね。収入に制約があって、資産形成に回す

余裕が少ない場合には次のように考えてみてはどうでしょうか？　先ほどの例で、収入の２割程度は自分の資産運用でまかないたいとします。その際に、同様に運用利率と運用期間によって逆算することができます。

たとえば３％、30年間の運用で逆算してみると、その時の収入の８％程度を運用に回しておけば、30年後にはその時の収入の２割を受け取れることになります。３％、20年間であれば収入の11％を運用に回しておくことで20年後には同様に２割程度を受け取ることになります。つまり、ざっくりとしたイメージではありますが、**収入の1割をしっかりと資産形成に回して長期運用を行えば、将来的には自分の生涯収入の2割程度を順繰りに受け取ることになります。**仮に平均年収５００万円の人が、その１割をコツコツと資産形成に回しておけば、将来には１００万円をコツコツと受け取れるようなものです。一定の前提を置いていますが、このように考えると励みにもなりますよね。

つまり、制度自体によるお金の掛け金上限の制約が実質的に

表：100万円になるための利率と期間ごとの月々の掛け金

単位：円

		利率（年率%）				
		1%	2%	3%	4%	5%
期間	20年間	68,000	56,000	46,000	38,000	31,000
	30年間	62,000	46,000	34,000	26,000	19,000

たとえば、年率3%、30年間あれば、月々34,000円を積み立てれば、将来には100万円が受け取れる。

※千円単位でおおよその数字で記載しています。

ない場合には、一つには**将来に受け取りたい金額から逆算する、その金額が自分の環境から見て大きい場合には今の収入をベースに考えてみるとよいでしょう。**

そもそも、**資産形成はできる範囲で行えば十分です。大切なのは続けることです。**衝撃的だったのは、若い人の中には「資産形成で毎月○万円を続けることが重要」というフレーズだけがインプットされたためにカードローンを借りてでも積立を継続しようとするとか、食費を削るということも実際にあるようです。まじめにコツコツと投資される気持ちは素晴らしいのですが、これでは本末転倒です。私が尊敬する、つみたて投資を世の中に啓蒙されている人もおっしゃっていましたが、**自分のできる範囲で続けること、**これが一番に大切なことです。

NISAでのつみたて以外も選択すべきか？

では、もう一つの視点、将来に向けた資産形成はＮＩＳＡでのつみたてだけでいいのでしょうか？　この答えに対して、保険は保険機能だけで利用する、勧めている会社には企業型ＤＣの制度があるのであれば、私はＮＩＳＡによるつみたて中心でよいと考えます。

その理由はすでにお話しした、会社員は年金と名の付くものが多いので、年金以外の資産形成を手掛けておくメリットが大きいからです。年金は受け取る時に控除を超えた部分は雑所得として課税対象となること、また、年金の所得は現行43万円の基礎控除を上回った部分は社会保険料の対象にもなります。ＮＩＳＡは年金や長期の保険契約と異なり、使いたい時にペナルティなどなく自由に換金できることもその大きな理由です。私たちはいざという時のためのお金として銀行預金を重宝しますが、自由に解約できる点では**ＮＩＳＡも使い勝手のよさでは預金と同じ手元資金として考えていいのです**。運用しているから使えないものではありません。運用の世界では、流動性という言葉を使いますが、自分が使いたい時にスムーズに自分のお金として利用できるものを流動性があるものとして重視します。

仮に、そうはいってもほかの制度も使用したいということであれば、じぶん年金としてｉＤｅＣｏなどの確定拠出年金を利用するといいでしょう。その場合も、極端に偏るようなことはせず、バランスよく利用することをおすすめします。人間は必ずしも合理的に行動するだけでは安心できないこと、納得できないことが多いです。ｉＤｅＣｏとＮＩＳＡ半分ずつでもいいでしょう。これは理屈ではなく、気持ちの問題です。しかし、これも大切なことです。

コラム

将来から逆算して考えるゴール・ベースド・アプローチ

将来にどれくらいのお金を確保したいのかといった最終ゴールをイメージして、それに対して運用の利回りと運用期間から逆算して、どれくらいのお金を資産形成に回したらいいのかの考え方をお話ししました。こういうアプローチを、**ゴール・ベースド・アプローチ**といいます。

必ずしも計算した通りになるとは限らないのですが、現実感のある前提を置いたうえで、**何にどれくらいのお金を回すとどういった成果が期待できるのか**、そのイメージを持つことができます。これが大切なのです。最近は資産形成のアドバイス現場でも用いられる機会が増えてきているようです。

たとえば、目標とするゴールとして「30年後に毎年100万円を受け取りたい」に対して、株式であれば一般的に年率5％程度のリターンが得られる資産とされているので、年率5％、期間30年の終価係数（4・3219）を用いると、年間23万1379円（100万円÷4・3219）、月々では約1万9000円強という計算になります。

私は本書で例として年率3％の数字をよく用います。それは、株式ほど高いリターンを期待しないでも、世界経済に期待される成長率程度であれば、**より現実感が高い数字と考えているからです。**

逆に、ゴールに届くためには7％とか8％など高い利回りが必要という計算には現実感がありません。目標が高すぎるのか、それとも資産形成に回すお金が少ないとか期間が短いことになります。

いずれにしても、運用は打ち出の小槌ではありませんので、過度に高いリターンを求めるのではなく、現実感がある中で時間を味方につけて長期投資を実践することに尽きます。

図：ゴール・ベースド・アプローチのイメージ

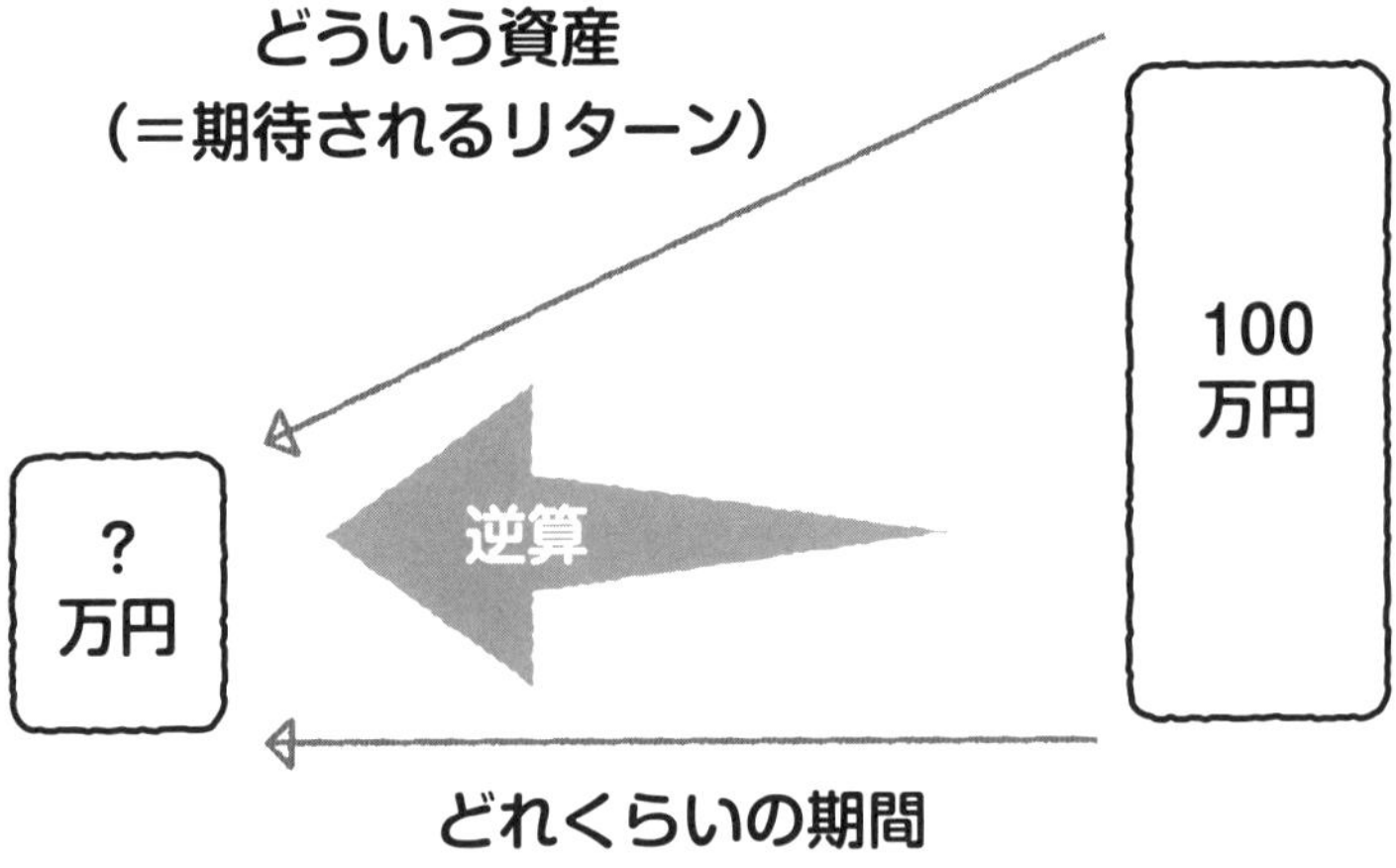

第2部のまとめ

第2部では、実際にＮＩＳＡつみたて投資枠にはどういったタイプの商品が提供されているのか、そして、その中から自分に合った商品をどのように選べばいいのかについてお話ししてきました。

ＮＩＳＡつみたて投資枠には、個人が安心して長期投資をするために、あらかじめ厳選された運用商品が用意されています。その中心はインデックス運用の投資信託です。その中には大別すると株式のみを対象とする株式型と、他の複数資産も含む複合資産型があります。この中から選ぶには色々な方法がありますが、私は現役とかシニアといった世代別でどういった資産を対象とする商品を選ぶべきかを考える際の基準にしました。加えて、警戒心が強いとか心配性の場合には、さらに安定性を高める選択もあることをお話ししました。もちろん、この逆として、シニアであっても資産形成に関して積極的に挑戦したいのであれば株式型を選択することもいいでしょう。

そして、株式型であれば全世界を対象とするタイプ、複合資産型では債券の割合がしっかりと半分程度あるものを中心に据えました。これは、株式型であればすでに高い成長を期待する資産であり価格変動も大きいので、対象をできるだけ分散したほうがよいという考えによるものです。また、世界の成長を幅広く享受したい、取りこぼしたくないという考えも含んでいます。その中でも費用が一定水準であるとか、ＥＴＦの利用よりも自分で運用している商品を代表例としてお示ししました。

複合資産型では、国内外の株式と債券という伝統的4資産を中心に、債券が半分程度のものを対象とします。債券は価格が安定している資産であり、株式との組み合わせによる分散効果も高いからです。一番に分かりやすい商品名としては、均等型の名前が付いているものです。

株式型も複合資産型においても、上記の商品タイプを選ぶことは、インデックス運用であることに加えて、分散投資の基本である国内と外国資産の組み合わせを取り入れていることになります。

ＮＩＳＡでのつみたては1つの商品である1つはなく、複数の商品を選ぶことができます。アクティブ運用にもメッセージ性の強い魅力的な商品もあります。かといって、自分の興味で選ぶとついつい数が増えてしまうのは目に見えています。増えることが大きな弊害にはなりませんが、ある程度の商品数、多くても5つ程度までに絞っておいたほうがよいでしょう。

そして、複数を選ぶ場合でも、自分の世代に合った資産の商品、インデックス運用、外国資産も組み入れた商品を取り入れることを心がけましょう。そうすれば、大きく偏りを生じることはなくなります。

おわりに

私が使命とも感じていることは、自分が培ってきたお金の領域を通じて多くの人の幸せに貢献することです。具体的には、運用してお金を増やす方法を理解してもらい、少しでも心の余裕をもっていただきたいです。そうすれば人生を落ち着いて考えられるようになり、豊かで充実して生きることにつながります。そのためにも、本書の「NISAでつみたて」は誰にでもできる心強い手段です。ぜひ活用していただき、大切な人生を自分らしく豊かに彩っていただく機会につながれば幸いです。

こういった目的も、伝える機会を頂かなければ多くの人に届けることはできません。その意味からも、私を見いだして本書を取り上げていただき、辛抱強くご対応くださりました高橋書店の編集者の方には心から感謝申し上げます。また、執筆において建設的なご意見をお寄せくださった吉田開さん、嶋田哲裕さん、森重進さん、藤根伸也さん、須波貴弘さん、大変にありがとうございました。そして、最愛の家族である民江さん、直人さん、真帆さん、いつもありがとう！　感謝します！

私は多くの人に支えられて今があります。この年齢になると、そのありがたさをひしひしと感じます。すべてのお名前を挙げることはできませんが、代表して、青春の生涯の思い出でもある「学びの薫陶とは何か」を教えてくださった慶應義塾大学の唐木國和先生の慈愛と唐木ゼミ十四期のみなさまに心より御礼申し上げます。

最後に、私が敬愛してやまない人の言葉、「希望は人生を励ます宝石である」を胸に、これからも多くの人に自分なりの方法で希望を送り続けることを誓い、結びに代えさせて頂きます。

著者

勝盛政治　かつもり まさはる

慶應義塾大学商学部卒、唐木研究会出身。日本証券アナリスト協会検定会員。1級DCプランナー。金融機関において20年以上にわたり、年金などの運用者としてファンドマネジャー、トレーダー業務に従事。その後、ファンドアナリストとして投資信託の評価、販売コンサルティング、投資教育に関する啓蒙活動などを行う。資産形成に関する記事を新聞・雑誌に多数掲載。著書に『顧客をリスクから守る資産形成術』(きんざい)、『ファンドのプロと考える初めての資産運用ー人生100年時代の投信活用術』(パンローリング)などがある。

新NISAでつみたては会社員の最強アイテム

著　者　勝盛政治
発行者　高橋秀雄
発行所　**株式会社 高橋書店**
〒170-6014 東京都豊島区東池袋3-1-1 サンシャイン60 14階
電話　03-5957-7103

ISBN978-4-471-21092-2

本書の内容についてのご質問は「書名、質問事項(ページ、内容)、お客様のご連絡先」を明記のうえ、郵送、FAX、ホームページお問い合わせフォームから小社へお送りください。

回答にはお時間をいただく場合がございます。また、電話によるお問い合わせ、本書の内容を超えたご質問にはお答えできませんので、ご了承ください。本書に関する正誤等の情報は、小社ホームページもご参照ください。

【内容についての問い合わせ先】
書　面　〒170-6014 東京都豊島区東池袋3-1-1 サンシャイン60 14階　高橋書店編集部
ＦＡＸ　03-5957-7079
メール　小社ホームページお問い合わせフォームから　(https://www.takahashishoten.co.jp/)

【不良品についての問い合わせ先】

ページの順序間違い・抜けなど物理的欠陥がございましたら、電話03-5957-7076へお問い合わせください。

ただし、古書店等で購入・入手された商品の交換には一切応じられません。